MON CAHIER
ATTITUDE BODY POSITIVE

ÉLODIE SILLARO

ILLUSTRATIONS
SOPHIE RUFFIEUX (INTÉRIEUR)
ISABELLE MAROGER (COUVERTURE)

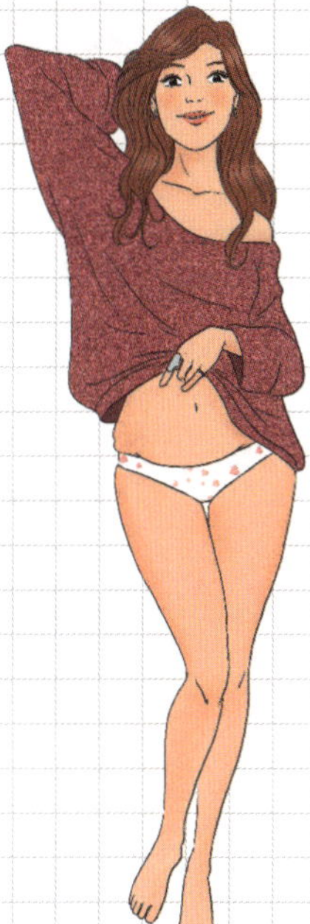

SOLAR
EDITIONS

SOMMAIRE

Introduction

Mon corps, mon ami… La moitié des femmes n'aiment pas leur apparence. Pourtant, avoir une bonne image de son physique a de nombreuses conséquences positives. Les femmes qui se sentent bien dans leur corps l'apprécient pour tout ce qu'il fait et non pas pour son apparence. Le chemin pour aimer son corps passe par l'acceptation de ses imperfections. Se regarder en acceptant toutes les parties de soi, là est l'enjeu !

Et si nous arrêtions de juger notre corps pour nous concentrer sur tout ce qu'il accomplit pour nous ? Et si nous refusions de laisser un regard négatif sur notre corps nous empêcher de vivre notre vie ?

S'aimer, ça s'apprend ! Grâce à ce cahier, vous allez mettre de côté vos croyances limitantes qui vous empêchent d'accéder à l'amour de soi et embrasser le bonheur d'être vous, avec vos qualités et vos imperfections ! L'amour de soi n'est pas seulement rationnel, c'est une énergie cachée au fond de vous-même qui vous permet de considérer vos failles et vos défauts avec indulgence mais surtout de croire en vous, en vos valeurs et en votre beauté ! Changer ses pensées nécessite une volonté et un engagement de tous les jours.

Mon cahier Body Positive est là pour vous aider à être vous-même et à vous sentir bien dans vos baskets. Adopter un regard bienveillant sur soi, prendre soin de soi, être à l'écoute de son corps, bien se nourrir, se mettre au sport, s'apporter de l'amour autrement sont autant de moyens de s'accepter enfin et de vivre une vie plus heureuse et épanouie.

Au travers du mouvement Body Positive® et d'outils pratiques issus de la psychologie positive, de la PNL (programmation neuro-linguistique), de l'autohypnose et de la méditation, mais aussi grâce à des défis sportifs ainsi que des challenges nutrition, vous apprendrez à vous réconcilier avec votre corps, à en prendre soin, à porter un regard positif sur vous et à cultiver la bienveillance envers vous-même. Vous renforcerez ainsi votre confiance en vous : **en acceptant votre corps, soyez une fille extraordinaire !**

Test : Quelle image ai-je de mon corps ?

L'image que vous avez de votre corps affecte la façon dont vous vous sentez, dont vous agissez et votre comportement face aux autres. Alors, comment vous percevez-vous ?

Quand je me regarde dans le miroir…

♦ Je me dis que je dois perdre du poids.
♣ Je pense que mes efforts ne paient pas assez.
♠ Je me focalise sur une partie ou une « imperfection » précise.
● Je fuis le miroir de façon générale.

Pour moi, le poids idéal, c'est…

● Un idéal impossible à atteindre.
♦ Un poids que j'aimerais (re)trouver.
♠ Mon poids à l'approche de l'été.
♣ Mon poids de forme lorsque j'adopte un mode de vie sain.

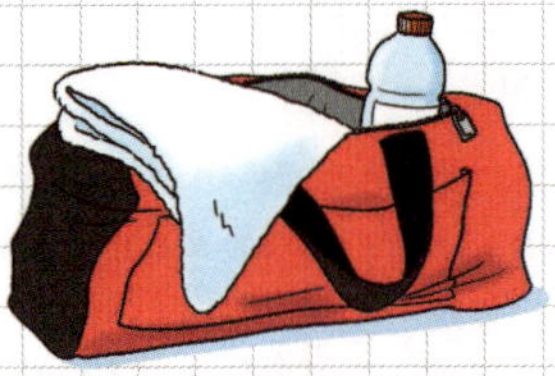

Lorsque je feuillette des magazines, j'ai tendance à…

● Me comparer et me sentir mal dans ma peau.
♣ Me dire qu'en faisant encore un peu d'efforts, je me rapprocherai d'un corps de fit-girl.
♠ Zapper les images de corps parfaits, cela m'angoisse.
♦ Me mettre au régime sans plus tarder et reprendre le sport.

Je pratique un sport principalement pour…

♠ Me défouler, décompresser et être plus zen.
♦ Perdre quelques kilos ou maintenir mon poids stable.
♣ Me muscler, progresser et performer.
● Essayer d'adopter une routine saine.

Je consacre beaucoup d'énergie à…

♣ Adopter un mode de vie sain : alimentation, sport, tout est calibré et scrupuleusement consigné dans mon agenda.
♦ Acquérir le corps parfait : détox, régime… je connais toutes les astuces pour perdre rapidement du poids.
♠ Me déprécier dans le miroir : ventre rebondi, hanche large, cuisse molle, je ne vois que ça.
● Un éternel recommencement : adopter une routine saine pour laisser tomber peu de temps après.

La plupart du temps, lorsque je craque sur une pâtisserie…

♠ Je culpabilise aussitôt : ce gâteau va s'incruster sur mes hanches.
♣ Je m'empresse d'aller l'éliminer à la salle de sport : cardio à gogo pour brûler du gras !
● Foutu pour foutu, je reprends un gâteau.
♦ Je mise sur un dîner détox : soupe et jus vert pour éliminer tout ça.

Lorsque je réalise que j'ai pris un peu de poids…

- ♠ Je me réprimande et décide d'adopter des choix plus sains.
- ♣ J'analyse mes habitudes pour déterminer si j'ai fait les choix les plus raisonnables.
- ♦ Je me lance à corps perdu dans un régime, une détox ou une sèche.
- ● Je me sens perdue et essaie de trouver de nouveaux régimes efficaces.

Faites les comptes !

♣	♠	♦	●
	II	II	III

Vous avez un maximum de ♣ :

Vous êtes dans l'hyper-contrôle de votre corps.

Vous êtes une sportive aguerrie. Lundi yoga, mardi running, mercredi renforcement musculaire : votre routine est bien ficelée et vos repas calibrés. Vous avez une perspective de vie saine sur certains points, mais vous pourriez réévaluer certains de vos comportements, notamment la tendance à vous focaliser sur l'évolution de votre corps et de ses performances.

Ce que ça cache : vous êtes dans le contrôle permanent, vous oubliez parfois de prendre soin de vous et de vous faire du bien. Vous êtes très exigeante avec votre corps. Ce cahier va vous donner tous les outils du Body Positive pour lâcher prise et enfin profiter de votre vie sereinement ! Automassage, yoga… testez ces pratiques de bien-être et soyez autant que possible douce et reconnaissante envers votre corps et ce qu'il peut vous offrir.

Vous avez un maximum de ♠ : *Vous vous dévalorisez.*

Vous avez l'impression d'être aspirée dans un tourbillon de soucis quotidiens et vous vous sentez fatiguée. Vous avez du mal à vous accorder du temps et vos pensées sont souvent parasitées par ce que vous avez encore à régler. Bien manger, mieux bouger, vous y pensez, mais vous avez l'impression de ne pas arriver à intégrer les bases d'une vie pleinement healthy.

Ce que ça cache : de nature stressée, vous avez tendance à voir le verre à moitié vide concernant votre apparence et parfois même votre vie. Grâce à ce cahier, vous allez apprendre à ne plus vous dévaloriser, reprendre confiance en vous et réussir enfin à trouver l'espace de sécurité où vous pourrez vous poser. Si vous répondez souvent à vos émotions négatives par l'alimentation (compulsion, quand tu nous tiens…), l'alimentation positive peut contribuer à gérer votre faim émotionnelle et les routines sportives feel good vous aideront à relâcher les tensions.

Vous avez un maximum de ♦ : *Vous ne vous aimez pas.*

Détox, régime low-carb, vous testez toutes les tendances minceur à la recherche de votre poids idéal. L'ennemi que vous adorez le plus : votre balance. Attentive au moindre gramme perdu, vous avez tendance à vous peser quasi quotidiennement en attendant – mâchoires serrées – le verdict chiffré. Vous ne sortez jamais de chez vous sans une inspection détaillée de votre corps face au miroir. Que pourrait-on penser de vous si vous n'êtes pas impeccable ?

Ce que ça cache : vous pensez que vous seriez plus heureuse en étant mince. Mais avant d'être aimée, il faut savoir s'aimer. Ce cahier va vous apprendre à vous détacher de l'image de votre corps, à accepter de ne pas être parfaite et à être indulgente envers vous. Adoptez des habitudes simples et sans contrainte (alimentation healthy, plaisir assumé et sans culpabilité, routine sportive feel good) pour lâcher du lest. Votre nouveau credo ? Ne plus être dans le contrôle permanent et profiter de ce que vous offre la vie !

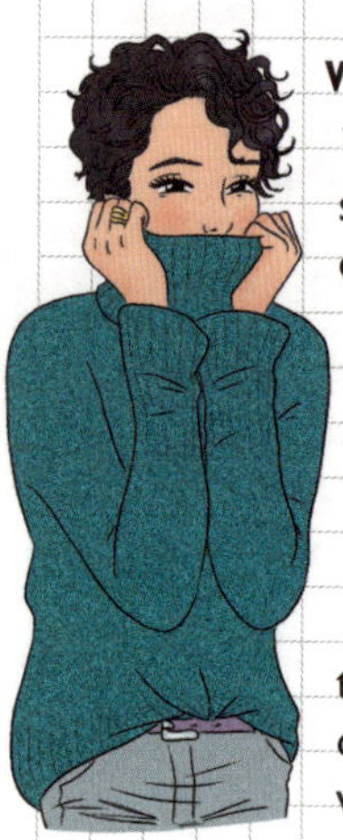

Vous avez un maximum de ● : *Vous êtes complexée.*

Votre corps et vous, ce n'est pas une grande histoire d'amour. La cuisine et le sport ne sont pas vos points forts et vous préférez faire l'autruche. Vous attendez le déclic pour vous reprendre en main. Déception, douleur, ennui, vous n'y voyez que du négatif. Les bonnes résolutions, ça vous connaît. Vous avez justement souvent essayé de changer radicalement votre mode de vie mais cela s'est toujours soldé par un échec et votre motivation en a pris un coup.

Ce que ça cache : vous vous êtes résignée et pourtant, se sentir mal dans sa peau n'est pas une fin en soi. Lorsque vous n'arrivez pas à atteindre votre objectif, ne le changez pas, changez la manière dont vous essayez de l'atteindre. Ce cahier va vous remettre progressivement sur les rails de la forme, dans la douceur et la bienveillance et non dans le bouleversement drastique de vos habitudes. Vous allez redevenir l'actrice de votre bien-être.

Quel que soit votre profil, voici 4 conseils pour vous aider à adopter le Body Positive !

- À chaque pensée négative à votre égard, complimentez-vous. Si besoin, écrivez quelques compliments sur un Post-it ou sur l'écran de votre smartphone.
- Entraînez-vous à être positive sur tous les plans.
- Arrêtez de vous critiquer et de vous comparer aux autres.
- Pratiquez l'activité physique qui vous fait du bien, pas seulement celle qui vous fera maigrir ou celle qui vous sculptera un corps de fit-girl.

Chapitre 1

Les grands principes du Body Positive

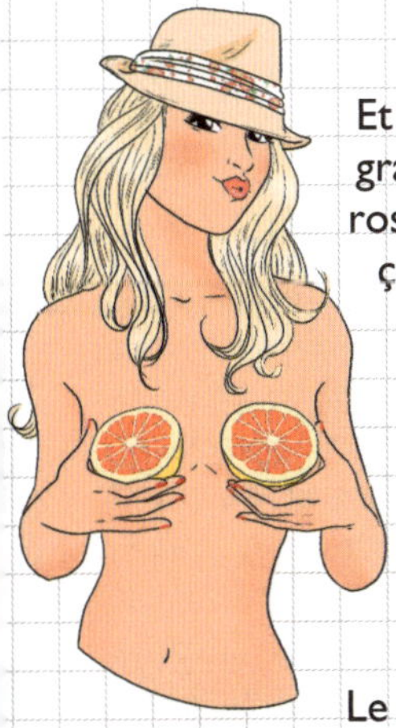

Et si on s'aimait enfin ? Aurions-nous l'idée d'avoir honte de fleurs qui sont grandes et imposantes ou, au contraire, toutes petites, très rouges ou encore rose pâle ? On les apprécie chacune pour leur beauté unique. Et si on commençait à faire la même chose avec nous-même ? Se regarder dans le miroir et y voir se refléter un corps sain, à l'intérieur comme à l'extérieur, voilà l'objectif de ce cahier !

Body Positive, quèsaco ?

Le mouvement Body Positive – ou Bo Po – entend faire en sorte que les personnes se sentent à l'aise avec leur corps, indépendamment des aspects « négatifs » qu'on peut lui trouver (plis, cellulite, bourrelets, grain de peau, teint).

Positiver !

Le Body Positive est un courant qui encourage les femmes à être les plus bienveillantes possible à l'égard de leur corps dans le but d'améliorer leur santé et leur bien-être. Qu'il s'agisse de prendre soin de soi en nourrissant son corps, en le chouchoutant, en pratiquant une activité physique, en stabilisant son poids, en l'acceptant tel qu'il est, le Body Positive vise à rehausser l'estime de soi. L'idée : être positive et

adopter un mode de vie qui nous fait du bien ! Et ce, quels que soient notre poids, notre taille, notre âge et l'aspect de notre peau ou de nos courbes…

Aimer son corps tel qu'il est

Être body positive, c'est donc apprendre à aimer son corps et à l'accepter tel qu'il est. C'est aussi arrêter de se comparer aux autres. Lorsque l'on tente de s'identifier à des personnes qui ne nous ressemblent pas, cela accentue notre mal-être. Chacune d'entre nous est unique et parfaite en tant que telle ! En apprenant à s'aimer, on est forcément moins tenté de se comparer et en acceptant son corps, on booste son estime de soi.

Bouger pour se faire du bien

Bien manger, bouger, chouchouter son corps influent sur notre sentiment de bien-être. La culture de la remise en forme a conditionné notre façon de faire du sport, qui se résume bien souvent à transpirer pour brûler les calories ingurgitées. Sauf que ce n'est pas une équation nulle, d'autres paramètres entrent en jeu pour réguler son poids : alimentation, émotions, sommeil. Si, en général, vous prenez soin de votre corps, il sait gérer les excès. Pratiquez donc une activité pour vous sentir en forme, vous sentir tout simplement vivante et non pas pour répondre au culte du corps. Le Body Positive n'est pas incompatible avec le sport ! Au contraire, le sport positive permet de booster l'estime de soi, d'accroître son assurance, d'aimer un peu plus son corps, d'apprécier ce dont il est capable, de se challenger sans se faire mal ni se comparer aux autres, de prendre conscience de son potentiel en sortant de sa zone de confort.

L'origine du mouvement

Depuis deux ans, le Body Positive connaît un essor fulgurant notamment grâce au réseau social Instagram. Mais son histoire remonte à 1996.

La philosophie du mouvement originel

À l'origine, ce sont deux Américaines, Connie Sobczak et Elizabeth Scott, qui ont fondé The Body Positive : une communauté bienveillante et libérée des diktats de l'apparence, ceux-là mêmes qui avaient conduit Connie à souffrir de troubles alimentaires et provoqué le décès de sa sœur. Elle a donc fondé

The Body Positive en collaboration avec Elizabeth, psychothérapeute spécialisée dans le traitement des troubles de l'alimentation, « *en l'honneur de sa sœur, et pour s'assurer que sa fille Carmen et les autres enfants grandiraient dans un nouveau monde – dans lequel les gens s'efforceraient de changer le monde, pas leur corps* » (www.thebodypositive.org).

Un réseau d'entraide et de bienveillance

Ces femmes ont donc conçu le mouvement The Body Positive comme « *une communauté vivante et thérapeutique qui libère des messages sociaux étouffants maintenant les gens dans une lutte perpétuelle contre leur corps* ». Être *bo-po*, c'est changer son estime corporelle et sa perception de soi-même. C'est porter un regard bienveillant sur son image, prendre conscience de ses capacités ainsi que de ses réussites, et même accepter les compliments à son égard.

Les 5 grands principes

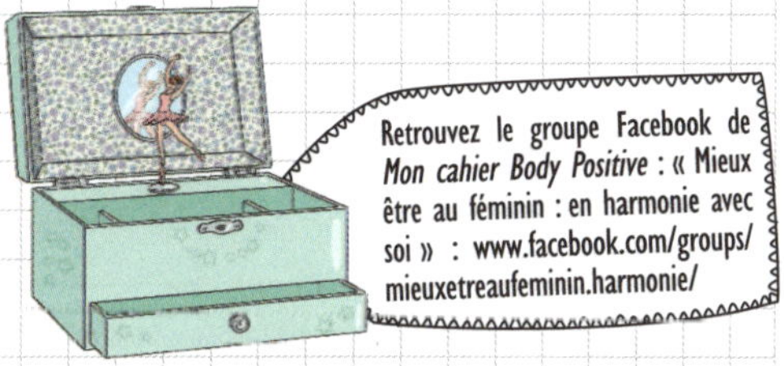

1. J'entretiens une relation positive avec moi-même

❀ **Mantra** : « S'aimer soi-même, c'est se lancer dans une belle histoire d'amour qui durera toute la vie. » Oscar Wilde

Face au miroir

De façon générale, nous sommes obsédées par notre corps, par l'image qu'il renvoie à travers ses formes, ses plis, ses bourrelets, ses ridules, ses vergetures et tout ce qui est en lien avec notre apparence. Devant le miroir, on rentre le ventre, on pose les mains sur nos hanches pour les dissimuler, on tire la peau de nos cuisses pour les affiner, on gonfle la poitrine, on se cambre, on plisse les lèvres pour affiner notre visage, tentant de devenir la meilleure version de nous-même.

Comment s'aimer soi-même face aux normes esthétiques ?

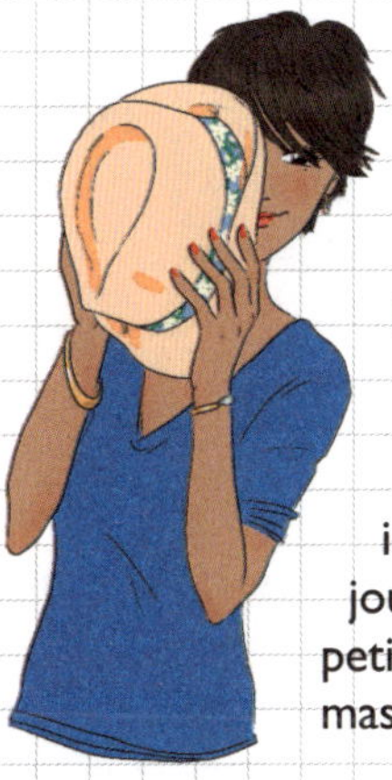

Depuis notre plus tendre enfance, on nous a appris à être gentille, à faire plaisir aux autres, à rester discrète, à être comme ceci ou bien comme cela. À l'adolescence comme à l'âge adulte, on nous invite à être et à demeurer conformes à des critères érigés en « normes esthétiques » en nous bombardant de messages qui nous expliquent que nous serions bien plus heureuses si nos cheveux en bataille étaient bien lissés, nos jambes toujours impeccablement épilées, nos cuisses sans aucun capiton ni vergeture et notre ventre bien plus plat.

Lorsque l'on se retrouve seule face au miroir, on se sent bien loin de cet idéal, et surtout, on voit tout ce que l'on n'est pas ! Nous sommes toujours « trop » par rapport aux normes dictées : trop grosse, trop grande, trop petite, trop voluptueuse, trop maigre, trop pâle, trop foncée, trop ridée, trop masculine, trop sexy, trop différente, trop…

Se libérer des carcans extérieurs

On nous a aussi montré que l'amour venait de l'extérieur : de nos parents, de nos amis, de nos petits amis. Et nous, dans tout ça ? Personne ne nous a appris que l'amour de soi venait d'abord de nous-même. Entretenir une relation positive avec soi, c'est veiller à garder un regard positif sur son corps, être bienveillante et prendre soin de lui.

Avant tout chose, j'évalue mon image corporelle

	Jamais	Rarement	Parfois	Souvent	Toujours
1 Devant la glace, je n'aime aucune partie de mon corps.	0	1	2	3	4
2 J'envie le corps des autres.	0	1	2	3	4
3 Je n'aime pas être prise en photo.	0	1	2	3	4
4 Je me compare aux autres.	0	1	2	3	4
5 Je pense que lorsque j'aurai perdu du poids, je serai plus heureuse.	0	1	2	3	4
6 J'accorde de l'importance à ce que les autres pensent de moi.	0	1	2	3	4
7 Je trouve que je n'ai aucun atout physique.	0	1	2	3	4
8 Quand je me regarde dans le miroir, j'ai honte.	0	1	2	3	4
9 Je suis dégoûtée par mon corps.	0	1	2	3	4
10 J'ai déjà pensé à avoir recours à la chirurgie esthétique.	0	1	2	3	4

Si vous avez obtenu un score entre 0 et 13

Félicitations, vous êtes une femme extraordinaire et vous le savez (plus ou moins) ! Vous avez conscience de vos belles qualités et vous essayez d'apprécier, ou du moins d'être indifférente à vos imperfections. Vous aimez prendre soin de vous et vous rayonnez. Continuez, vous êtes en bonne voie ! Prochaine étape : rayonner encore plus et aider les gens à s'aimer eux aussi.

Si vous avez obtenu un score entre 14 et 26

Bravo, vous tentez de vous aimer comme il se doit ! Vous avez les bases mais elles sont encore un peu fragiles. Au fond, vous aimez votre personne et votre corps, mais vous vacillez certains mauvais jours, lorsque vous êtes en groupe, face à une personne charismatique ou quand vous vous sentez jugée. Prochaine étape : vous aimer entièrement en toutes circonstances.

Si vous avez obtenu un score entre 27 et 40

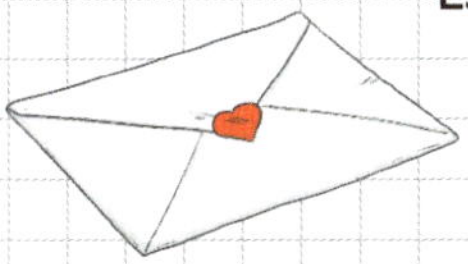

Essayez ! Chez vous, l'amour de soi s'est fait la malle mais rien n'est perdu. Ce cahier va vous accompagner dans la bienveillance corporelle et la confiance en soi. Prochaine étape : vous répéter des phrases positives, vous écrire une lettre d'amour, autant de petites choses anodines qui peuvent modifier la représentation mentale que vous avez de vous-même.

2. Je respecte mon corps

❀ **Mantra** : « Ton corps entend tout ce que ton esprit dit, reste positive. »

Stop aux distorsions cognitives !

Pour beaucoup d'entre nous, la relation que l'on entretient avec soi-même est complexe et souvent source de souffrances. Elle est parfois entachée de ce qu'on appelle la « distorsion cognitive ».

Notre corps peut ainsi devenir le terrain de bataille de nos émotions négatives et de nos angoisses. Alors, plutôt que de vouloir « perdre » (du poids, de la cellulite), si on essayait de « gagner » (en énergie, en confiance en soi, en sérénité) ? Le Body Positive prône l'amour de soi, l'acceptation de la diversité des corps, la beauté de chaque individu et le bien-être.

La distorsion cognitive se manifeste par une impression d'être plus que ce qu'on est réellement : trop grosse, trop petite, trop maigre, trop grande, trop timide… En réalité, cette impression naît de la peur du jugement des autres et de l'anxiété de ne pas savoir ce qu'ils pensent de nous.

Devenir une version plus heureuse de soi

Qu'on se le dise, aucun corps n'est mieux qu'un autre. Il n'y a pas de beauté absolue. Et si, pour obtenir le corps rêvé, on en vient à sacrifier son bien-être, on emprunte la mauvaise voie et on s'éloigne du bonheur. Car si ce corps idéal nous obsède, que chaque pensée est consacrée aux calories que l'on a ingurgitées et que l'on en vient à compter le moindre gramme perdu, cela signifie sûrement que ce corps idéal ne l'est pas vraiment !

Le corps n'est pas le terrain d'une lutte contre soi

Beaucoup de personnes luttent contre elles-mêmes, avec leur corps pour terrain de bataille. Dans cette lutte contre soi, il est impossible de gagner et il ne reste plus que la souffrance. Cette bataille peut se manifester sous différentes formes : compulsions alimentaires, sportives ou nerveuses, restriction alimentaire, dépréciation et dévalorisation, comportements autodestructeurs, dépression, alcool, cigarettes ou sexualité…

Je me respecte !

Plutôt que de se lancer dans une lutte perdue d'avance contre son corps, mieux vaut le respecter : on ne le déprécie plus, on ne le compare plus. On lui offre ce dont il a besoin (une alimentation pleine de nutriments, une routine sportive qui lui permet de s'exprimer et de se développer) et de la bienveillance.

3. Je m'offre une bonne dose de bienveillance et d'amour

❀ **Mantra** : « Ne laisse pas ton esprit maltraiter ton corps. »

Rick Hanson, auteur du livre *Le Pouvoir des petits riens*, explique que notre cerveau porte plus d'attentions aux phénomènes négatifs qu'aux positifs. Il a donc tendance à entretenir une forme d'anxiété, d'autodénigrement ou de réactivité exacerbée. Mais, si nous incitons régulièrement notre esprit à noter « les petits riens » qui embellissent notre journée, à prendre conscience des instants où nous nous sentons bien, à voir ce qui est bon en nous et à lâcher prise, nous accroissons notre force tranquille, la confiance en soi et la paix intérieure.

C'est prouvé !
Chaque pensée peut modifier notre cerveau en créant de nouvelles connexions neuronales. Si nous entraînons notre cerveau à se focaliser sur les aspects positifs, nous pouvons véritablement agir sur sa structure même. Grâce à des techniques de méditation, d'autohypnose, de psychologie positive, nous pourrions bien modifier notre façon de penser et notre comportement !
Le documentaire *What the Bleep Do We Know?* (Que sait-on vraiment de la réalité ?) met d'ailleurs en lumière la manière dont nous créons notre réalité et à quel point nous la conditionnons simplement par nos pensées. La réalité est « irréelle » car non objective, elle est créée par notre cerveau. En s'entraînant à penser et à ressentir les choses différemment, nous pouvons modifier la façon dont nous appréhendons la réalité.

Ma check list pour être bienveillante envers moi

- ❑ J'écoute mon corps avec attention (repos, sensation, faim).
- ❑ Je porte sur moi un regard amical.
- ❑ Je m'aide à évoluer en acceptant que tout ne soit pas parfait.
- ❑ Je me félicite pour les risques pris et les nouvelles réalisations effectuées.
- ❑ Je suis honnête envers moi-même.
- ❑ Je traite mon corps avec respect, en laissant de côté le perfectionnisme excessif.
- ❑ Je prends soin de mon corps et de mon esprit.
- ❑ ....
- ❑ ....
- ❑ ....

4. Je prends soin de moi, notamment grâce au sport !

❀ **Mantra** : « Un entraînement sportif ne change pas uniquement le corps. Il change aussi l'esprit et booste l'humeur. »

Une lutte sans fin…

« *Nous recherchons souvent dans le regard de l'autre la reconnaissance que nous ne savons pas nous donner* », explique le psychiatre Jean-Christophe Seznec, dans son ouvrage *J'arrête de lutter avec mon corps*. « *Mais cette quête est infructueuse puisque nous sommes seuls à pouvoir favoriser un sentiment de sécurité intérieure.* » Pour sortir de cette lutte et instaurer une confiance en soi, deux pistes fonctionnent selon le psychiatre : favoriser le lien social, puisque les relations rassurent ; et s'occuper de soi (sport, soin du corps, relaxation…).

Mais comment aimer son corps quand on ne l'écoute pas ?

Pour apprécier son *body*, il faut aussi en prendre soin, le chouchouter. Se masser, s'étirer, se relaxer sont autant de façons de renouer une relation sereine avec son corps. Mais, surtout, la pratique du sport, ses innombrables bienfaits sur la santé et le moral, les rencontres et les liens sociaux qu'il permet, tout cela contribue à se réapproprier son corps. Il est évident que suivre une routine sportive adaptée à son rythme, son niveau, à ses envies permet de se sentir nettement mieux dans sa peau ! Quand notre corps fonctionne, alors tout – ou presque – fonctionne et on a l'impression d'avoir des ailes !

On choisit les bons boosters !

Il ne faut pas oublier non plus de le nourrir correctement en trouvant l'équilibre entre une alimentation healthy et des plaisirs maîtrisés. Nourrir sainement notre corps, c'est lui donner l'opportunité de nous fournir l'énergie nécessaire pour vivre pleinement nos journées. Notre corps est reconnaissant de la paix et de la confiance qu'on lui accorde. Énergie, sérénité, assurance, force, sentiment de puissance… gardons en tête que si nous le chérissons, il nous le rendra !

❤ Je mise tout sur :

- Un minimum d'activité physique par jour.
- La pratique de nouvelles activités physiques pour me challenger et me découvrir de nouvelles capacités.
- Des défis sportifs (courses…), pour sortir de ma zone de confort et vibrer avec d'autres personnes dans la bonne humeur.
- Une alimentation saine et équilibrée.
- Des temps de relaxation et/ou de méditation.

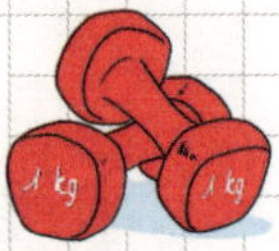

- Des massages.
- Un sommeil régulier et réparateur.
- Un environnement sain et le plus naturel possible.

5. J'apprécie les autres dimensions de mon être

❀ **Mantra** : « Une fleur ne pense pas à rivaliser avec la fleur voisine. Elle fleurit. »

« Aimer son corps tel qu'il est », telle est la devise du Body Positive : s'accommoder de rondeurs, de vergetures, de cellulite, de cicatrices, de taches de rousseur, d'un menton saillant, d'un nez proéminent, d'une poitrine menue, de cheveux ébouriffés, d'une petite taille. En somme, s'accepter telle que l'on est à l'extérieur pour être en phase avec celle que l'on est à l'intérieur.

Lorsqu'on se focalise uniquement sur son image extérieure, on délaisse d'autres aspects de son être. On a tendance à vouloir « avoir » pour « paraître » plutôt que de « ressentir » pour « être ». La vérité, c'est qu'on a bien assez de qualités pour s'aimer !

La « to be list » de mes qualités

Apprécier les autres dimensions de son être demande une certaine connaissance de soi, et donc de reconnaître ses qualités. Sur son site, le psychothérapeute Hervé Magnin propose de les identifier via cet exercice :

- pensez à des personnes de votre entourage et à celles que vous admirez ;
- écrivez toutes les qualités que vous leur reconnaissez de façon à constituer une liste assez conséquente ;
- demandez-vous dans quelle mesure vous possédez telle ou telle de ces qualités et mettez une note de 10 à 0 (10 : vous êtes l'incarnation parfaite de cette qualité, 5 : c'est une qualité moyenne acquise chez vous, 0 : vous n'avez jamais développé cette qualité).

Vous manquez d'idées ? Le psychothérapeute et auteur propose également un exercice avec un tableau de 400 qualités, une « course lente » pour accroître l'estime de soi. http://magnin.herve.free.fr/Qualit%E9s%20GP%2020070106.pdf

Je me lance des défis au quotidien

C'est de l'expérience que l'on acquiert la sagesse, elle nous aide à prendre du recul et nous montre que l'on est maître de notre vie. Après avoir identifié vos premières qualités, essayez donc de les faire évoluer et de les mettre en valeur au quotidien en vous lançant quelques défis. Les challenges permettent d'accroître ses capacités et la connaissance de soi à travers de nouvelles expériences de vie.

Mes qualités	Comment je les mets en valeur au quotidien
Je suis généreuse	Je fais un don à quelqu'un.
Je suis souriante	Je répands la bonne humeur au travail pendant toute une journée.
Je suis sociale et communicative	Je propose à mes amis qui ne se connaissent pas de prendre un café tous ensemble.
Je suis intrépide	Je fais une longue randonnée dans la nature.
Je suis…	
Je suis…	
Je suis…	
Je suis…	

Dans un carnet, notez précisément votre défi, la date de début et le temps nécessaire pour le réaliser. Précisez les moyens et les actions préalables dont vous aurez besoin pour mettre concrètement en place votre défi. Ne négligez pas cette étape car cette dernière participe déjà à sa mise en œuvre. Enfin, engagez-vous mentalement à passer à l'action.

Ces défis agissent comme des moteurs et permettent de se réaliser à partir de petites actions au quotidien. Vous prenez conscience de votre valeur et vous vous voyez ainsi de façon plus positive.

De l'acceptation à l'amour de soi

Maintenant que vous connaissez les grands principes du Body Positive, c'est parti pour muscler votre estime de soi ! Voici encore quelques pistes pour vous lancer.

Je m'essaie au body neutrality

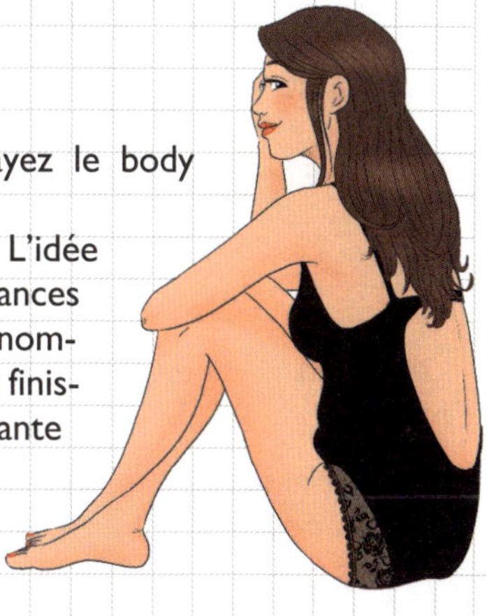

Pas de sentiment positif de votre corps aujourd'hui ? Essayez le body neutrality !

Que se passe-t-il si nous n'arrivons pas à aimer notre corps ? L'idée que nous sommes censées nous sentir bien en toutes circonstances et être heureuses tout le temps peut s'avérer la source de nombreuses insatisfactions face aux fluctuations du quotidien : nous finissons déçues. Alors, plutôt que céder à la pression trop écrasante de devoir s'aimer, il y a un concept plus facilement applicable : le body neutrality, ou la neutralité du corps.

Stop au jugement sur soi !

Alors que la positivité du corps prône un amour de soi inébranlable, le body neutrality relève plutôt de l'indifférence. « Je me regarde dans le miroir, je n'aime pas mes cuisses, et c'est tout. » Il vaut mieux essayer de limiter les jugements et sentiments négatifs en donnant davantage d'importance à nos aptitudes plutôt qu'à notre apparence. Pourquoi ne pas simplement vivre avec son corps, en prendre soin et apprécier ce qu'il est et ce dont il est capable ? Prenez conscience de vos talents et développez-les.

Entre tremplin et déconnexion

Pour cette raison, certaines activistes du corps insistent sur l'importance de se libérer des pensées obsessionnelles nocives afin de trouver l'équilibre psychique. Le body neutrality se montre alors comme un tremplin car il est plus facile de passer de la détestation de son corps à l'indifférence plutôt qu'à l'amour inconditionnel.

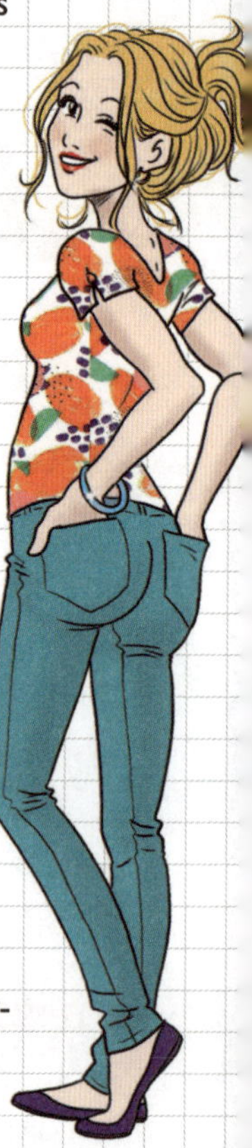

Et si on arrêtait d'être obsédée par son corps et la minceur ?

Le body neutrality consiste essentiellement à **consacrer moins de temps à penser à son corps** et à ne pas laisser ce dernier diriger notre vie. Le body neutrality s'affiche comme un drapeau blanc entre la détestation de soi et l'amour de soi.

Une étude de chercheurs américains, anglais et malaisiens a démontré que peu d'hommes (24 %) et de femmes (20 %) se sentaient très ou extrêmement satisfaits de leur poids. Ces chiffres résultent de l'importance donnée à la minceur pour les femmes et à l'allure athlétique et/ou mince pour les hommes. « *Il semblerait donc que nous ayons encore un long chemin à parcourir avant d'atteindre l'objectif d'être vraiment heureux avec notre corps* », a déclaré David Frederick, professeur de psychologie et coauteur de l'étude.

S'accepter enfin telle que l'on est...

Toutefois, certains spécialistes ne sont pas de cet avis. Pour eux, impossible d'ignorer un corps avec lequel on vit chaque seconde de notre vie. Body Positive, body fat, body neutrality, peu importe le nom qu'on lui donne, l'idée est de trouver la force d'accepter son corps pour stopper les pensées obsessionnelles sur son apparence physique et se sentir, dès qu'on le peut, bien dans ses baskets. Pour cela, il faut franchir progressivement chaque étape qui mène à l'amour de son corps.

J'accepte mes imperfections

❀ **Mantra** : « La beauté commence au moment où vous décidez d'être vous-même. » Coco Chanel

Comment accepter ses défauts ? Voilà une question que l'on pourrait poser à toutes celles qui osent poster des photos de leurs « imperfections » sur les réseaux. La vérité est qu'il n'y a pas de recommandation à suivre à la lettre pour accepter son corps. La plupart des gens se lancent dans une aventure qui peut durer une journée (oser mettre un short) ou plusieurs années (être en paix avec son corps). Pour y parvenir, on réalise un voyage imparfait où l'amour de soi n'est pas aussi linéaire que l'on pourrait l'espérer.

Je retrace l'histoire de mon corps

La réconciliation avec son corps passe aussi par la compréhension des influences passées. Prenez le temps de réfléchir à la façon dont s'est construite votre image corporelle, dont vous avez commencé à percevoir votre corps pendant l'enfance, l'adolescence et à l'âge adulte. Avez-vous subi des moqueries ou des jugements ? Quelle est la place des médias dans votre quotidien ?

Comprendre l'origine d'une souffrance est un bon point de départ pour accueillir ses failles et avancer. C'est un premier outil pour apaiser ses émotions, car une émotion qu'on néglige et qu'on enfouit cherche toujours à ressurgir. Cette attitude intérieure contribue d'ores et déjà à les écouter pour s'en libérer.

Enfance	**Préadolescence**	**Adolescence**	**Âge adulte**
Événement :	Événement :	Événement :	Événement :
....	....	....	....
....	....	....	....

Puis, testez cet exercice de programmation neuro-linguistique (PNL) pour vous détacher des failles liées à votre passé, obtenir des réponses et booster l'estime de soi.

La PNL est une technique de communication et de thérapie qui nous aide à développer des comportements de réussite en nous apprenant à mobiliser nos ressources et à utiliser nos sens.

Durant 3 jours, dressez une liste de 10 éléments (une qualité, une action accomplie, un geste quotidien) dont vous pouvez être fière et vous réjouir. Faites en sorte que ces derniers soient différents chaque jour. Si vous êtes prise d'angoisse devant la page blanche, posez-vous ces questions :

- Qu'est-ce que je perçois de bien, de positif, en moi ?
- De quoi puis-je être fière ?
- Comment me sentir mieux ?
- Quelles sont mes forces ?

Lorsque vous vous posez ces questions dites « dynamisantes », le cerveau n'a pas d'autre choix que d'aller chercher les réponses. Certaines de ses fonctions sont comme des logiciels informatiques qui peuvent répondre précisément à votre demande. Mais l'orientation de vos auto-questionnements va déterminer l'orientation des réponses. La manière dont vous vous interrogez détermine les solutions que vous attendez. Voilà pourquoi il est important de vous focaliser sur les éléments positifs qui se trouvent en vous ou dans votre quotidien.

Je teste la bienveillance envers moi

Plutôt que d'en faire une obsession, appréciez vos petites imperfections car elles racontent souvent une histoire. Aimez-vous pour ce que vous êtes et ne négligez pas les petits détails.

Je suis compatissante envers moi-même

Être compatissant envers soi ne signifie pas s'apitoyer sur son sort mais bien reconnaître qu'on éprouve de la difficulté dans une situation donnée.

- « Je n'arrive pas à adopter une alimentation équilibrée car je ne me sens pas soutenue à la maison. En plus, je me sens fatiguée et je n'ai pas la force de cuisiner. J'ai conscience de cela. Je vais en parler autour de moi pour obtenir du soutien. »

Je me focalise sur ce qui est bon en moi

Si nous nous focalisons sur ce que nous n'aimons pas chez nous, nous renforçons un sentiment d'imperfection et c'est à ce moment-là que l'on développe une dépréciation de soi : « Je me sens nulle ou moche. »
Focalisez-vous sur les qualités profondes que vous appréciez chez vous !

- « Je n'aime pas ma silhouette mais je sais que mon corps ne me définit pas. Je ne suis pas une personne mal dans sa peau. Je possède beaucoup de qualités : je suis drôle, à l'écoute des autres, serviable, généreuse. »

Je me relaxe

Savoir détendre son corps au moment approprié est un véritable outil. Instaurez un petit rituel hyper efficace en cas de stress…

- « Je desserre la mâchoire et les dents, j'entrouvre légèrement la bouche, je pose la main sur mon ventre, j'allonge mes inspirations et mes expirations en essayant d'éloigner ma main de mon ventre. »

Je ne décide pas de mon poids de forme

Le poids de forme, le point d'équilibre

On a tendance à croire que notre poids de forme est notre poids le plus bas. C'est faux, c'est le poids auquel on se sent bien physiquement et mentalement. Adopter le Body Positive, c'est ainsi trouver son poids de forme unique et personnel, c'est-à-dire le poids dans lequel le corps et l'esprit trouveront leur équilibre naturel. Le poids de forme est le poids auquel on revient toujours après les périodes de prise ou de perte de poids. En bref, c'est notre poids quand tout va bien, qu'on ne se goinfre pas pour se consoler ou qu'on ne maigrit pas à force de stress et d'angoisse. Le Body Positive se veut une alternative aux mouvements #healthy ou au #fatpositive qui tendent à mettre en avant un type de morphologie et qui, poussés à l'extrême, peuvent détériorer notre santé (maigreur ou surpoids).

Halte aux extrêmes !

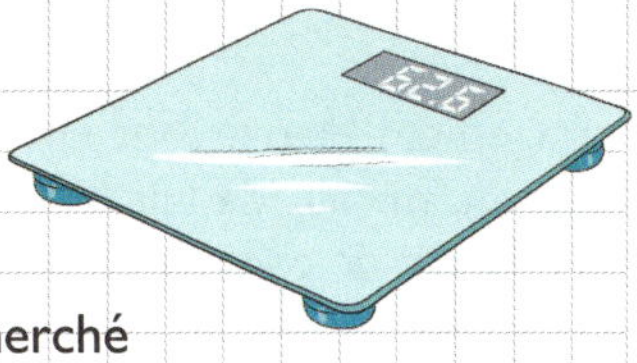

Privations, frustrations, effet yoyo, orgies alimentaires sont autant de conséquences induites par les régimes et déséquilibres alimentaires qui ruinent cet équilibre physique et mental recherché dans le Bo Po. En effet, quels qu'ils soient, les extrêmes sont néfastes. C'est ce que Sandra Aamodt, neurobiologiste américaine, s'évertue à démontrer dans son livre *Pourquoi les régimes font grossir*. À partir de données scientifiquement établies, de ses connaissances en neurosciences et en biologie, l'auteure – elle-même en surpoids et anciennement abonnée aux régimes pendant longtemps – tente de nous réconcilier avec l'un des actes les plus naturels et vitaux qui soit : manger. « *Aujourd'hui, je mange chaque fois que j'ai faim et j'ai pourtant perdu 4,5 kg* », explique-t-elle dans une vidéoconférence Ted.

Notre cerveau décide de notre poids de forme !

On le sait, le poids dépend de notre balance énergétique, c'est-à-dire le rapport entre la quantité de calories ingérées et la quantité d'énergie brûlée. Mais pourquoi cela semble si simple sur le papier et si compliqué dans la vie ? C'est la question que s'est posée cette neurobiologiste. En réalité, ce que beaucoup ignorent, c'est que notre faim et l'énergie qu'on dépense sont contrôlées par notre cerveau. Lors de sa conférence, la scientifique explique que le cerveau détient également sa propre perception du poids idéal. Celui-ci dépendrait de ce qu'elle appelle le « point de consigne » : une fourchette de 4 à 6 kg. « *Vous pouvez apporter des modifications à votre mode de vie pour changer votre poids dans cet intervalle, mais il est beaucoup plus difficile d'en sortir.* » Que l'on soit d'accord ou pas, c'est le cerveau qui décide de notre poids de forme !

Un véritable thermostat pondéral

La perte de poids ne se résume pas à un simple conflit entre la tentation et la volonté, elle implique de nombreux systèmes cérébraux. Notre experte explique que l'hypothalamus – partie du cerveau qui régule notre poids – agit comme un thermostat qui maintiendrait la température de notre maison constante même si la température extérieure changeait.

« *Vous pouvez essayer de modifier la température de votre maison en ouvrant une fenêtre en hiver, mais cela ne changera pas les réglages du thermostat, qui répondra en relançant la chaudière pour réchauffer la maison. Votre cerveau fonctionne exactement de la même manière.* »

Lorsque notre poids revient dans cet intervalle qu'il juge idéal, le système d'équilibre énergétique se calme et notre appétit revient à la normale. Après une restriction, où nous avons ignoré notre faim et réprimé notre corps, notre métabolisme est ralenti et se montre moins réactif à la dépense énergétique ou aux signaux de satiété.

Je chéris mon corps

Plutôt que d'imposer à son corps un quelconque régime ou une norme, si on le laissait respirer ? Loin de véhiculer un message de laisser-aller, la tendance Body Positive représente un

engagement bienveillant envers soi. Plutôt que de se mettre à la diète et souffrir, d'éviter le reflet du miroir, de fuir les cabines d'essayage, d'oublier ses complexes avec du chocolat… si on essayait de chouchouter son corps ? Chérissez votre corps et il vous le rendra. S'il y a bien une promesse que je peux vous faire, c'est celle-ci !

Ma check list pour chérir mon corps

	Je suis prête à le faire	Ça me demandera un peu de temps
Dormir 30 minutes de plus par jour.	❑	❑
Faire du sport 2 heures par semaine pour renforcer mon cœur et mes muscles ainsi que libérer mes tensions.	❑	❑
Ne pas sauter de repas ou prendre trop de repas sur le pouce.	❑	❑
Me masser/m'hydrater la peau avec une huile.	❑	❑
M'accorder des pauses dans la journée.	❑	❑
Être à l'écoute de mon corps.	❑	❑
Ne plus manger selon mes émotions (colère, tristesse) mais d'après mes sensations (faim, satiété).	❑	❑
Ne plus me focaliser sur la partie de mon corps qui me déplaît.	❑	❑
M'habiller comme je veux et non selon les tendances. Prendre des vêtements à ma taille sans me focaliser sur le chiffre.	❑	❑
Me relooker pour mettre en valeur ma silhouette et mes formes.	❑	❑
Trouver des activités qui me font du bien (peinture, écriture, yoga, voyage).	❑	❑

Je suis mon propre modèle

Aujourd'hui, il est impossible d'échapper aux standards de beauté qu'on essaie de nous imposer. La femme se doit d'être grande, belle et longiligne, d'avoir une peau impeccablement lisse et une crinière de rêve. Sur les réseaux sociaux, nous allons à la recherche du « vrai », d'images qui n'ont pas été retouchées et nous avons la fausse impression que les canons de beauté ont évolué. Les femmes sont plus voluptueuses, voire musclées. Mais leur plastique reste parfaite : ventre plat, abdos en filigrane, fesses rebondies, poitrine généreuse. Et lorsqu'on se compare, on a juste envie d'aller enfouir nos complexes sous de la glace au chocolat. Le problème ? La comparaison. Si la comparaison est un processus naturel, elle peut aussi être dévastatrice !

5 astuces pour être enfin son propre modèle

1 J'apprends à identifier mes qualités

Focalisez-vous sur vos forces, vos qualités, vos succès, vos ressources personnelles.

2 J'agis

Il est parfois plus facile de ruminer sur son sort – que l'on trouve moins glorieux – plutôt que de mettre en œuvre une véritable stratégie pour atteindre ses objectifs, comme lancer ce blog de cuisine, se mettre au yoga ou préparer cette course d'endurance. Mettez en œuvre vos projets !

3 Je prends de la distance

Notez les petites choses positives de la journée dans un « carnet de gratitude », déconnectez-vous des réseaux sociaux, essayez de voir du positif dans chaque événement négatif.

4 Je me compare à moi-même

Plutôt que d'envier les autres, pensez au chemin que vous avez parcouru, aux difficultés que vous avez surmontées, aux leçons que vous en avez tirées.

5 Je suis reconnaissante pour ce que j'ai déjà

« Le bonheur n'est pas d'avoir tout ce que l'on désire mais d'apprécier ce que l'on a. » Sachez apprécier votre vie telle qu'elle est et votre corps pour tout ce qu'il vous apporte ! Ce sont les petits bonheurs qui font une vie riche et heureuse.

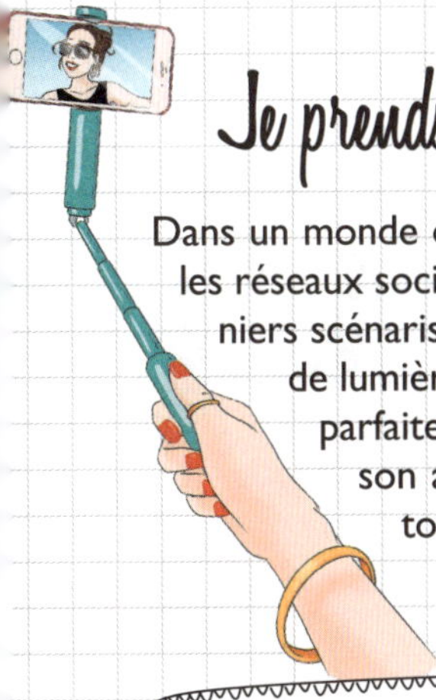

Je prends de la distance avec les réseaux sociaux

Dans un monde où la communication se digitalise et se dématérialise, ce sont aujourd'hui les réseaux sociaux qui participent à la (dé)construction de l'image de la femme. Ces derniers scénarisent notre quotidien et à ce jeu, Instagram est le roi. Mises en scène, jeux de lumière, retouches, filtres divers et variés, tout est bon pour obtenir une photo parfaite et faire la course aux likes ! Il semble difficile de ne pas se focaliser sur son apparence et ses défauts lorsqu'on est confrontée quotidiennement à un torrent d'images parfaites.

Une récente étude de la Royal Society pour la santé publique a d'ailleurs révélé que les réseaux sociaux – en particulier Instagram – contribuent à nuire à la perception qu'ont les femmes d'elles-mêmes et de leur corps.

Ça bouge sur les réseaux !

Heureusement, de nombreuses instagrameuses ont pris le contre-pied de cette normalisation esthétique et revendiquent l'authenticité. Face à la pression des corps parfaits, certaines femmes comme Sara Puhto (@saggysara) ont décidé de rétablir la vérité en révélant les techniques utilisées (postures, lumière, angle, vêtements). En outre, Sara nous prouve que la taille des vêtements, le nombre de calories avalées dans une journée ou encore le poids qu'affiche la balance ne signifient pas grand-chose.

#instabodypositive

Les hashtags du #bodypositive
#bopo
#allbodiesaregoodbodies
#embraceyoutself
#bodylove
#effyourbodystandards

Le mouvement Body Positive met en avant des représentations de tous les types de corps de femmes (mais aussi d'hommes) comme ils sont en réalité et non comme ils devraient être selon les normes véhiculées par les médias : des personnes grosses, minces, petites, grandes, frisées, à la peau colorée, porteuses de cicatrices, de capitons, dépigmentée, etc. Les instagrameuses publient des photos sans mise en scène, sans filtre, brutes, non retouchées, dans des poses du quotidien et s'attardent parfois même à souligner certains aspects que l'on aurait tendance à cacher : cellulite, bourrelets, poils, boutons… C'est cru, authentique, réel et touchant !

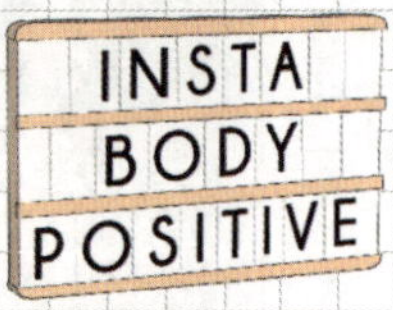

Témoignage d'Anne-Laure, blogueuse, influenceuse et sportive touche-à-tout (@bonjour_darling)

J'ai toujours eu des formes !

« Pas suffisamment pour qu'on me considère comme ronde mais assez pour complexer. Très tôt, on m'a mise au régime. J'ai perdu mes repères et j'ai fait le yoyo pendant plus de dix ans avec des troubles du comportement alimentaire (TCA). Depuis deux ans, je travaille énormément sur cette perte de confiance. Aujourd'hui, je suis bien plus bienveillante envers moi-même. Je sais que ce n'est pas toujours rose mais j'avance et je m'accepte de plus en plus. Ma communauté est également adorable, elle m'apporte du soutien plutôt que de me juger. »

Avec le sport, j'ai développé un mental de championne

« Avec #Moveyourpeach sur Instagram, j'essaie de montrer une autre image de la sportive, loin des photos parfaites de fit-girls. Être sportive, c'est tout bonnement faire du sport et prendre soin de soi, c'est se bouger pour se sentir bien dans sa tête et dans son corps. Se bouger non pas pour être différente mais pour être soi. Je n'ai plus peur de surmonter les obstacles dans le sport comme dans la vie. J'accepte mes formes et j'apprends beaucoup sur moi. Le sport, c'est un échantillon de la vie. On est confrontée à beaucoup de choses en une séance : la mise à nue (souvent, on ne se maquille pas, il faut se changer dans les vestiaires), puis l'effort, le dépassement de soi mais aussi la fierté de se dire qu'on l'a fait. Oui, on peut le faire ! Le sport a vraiment changé ma vie. »

5 comptes Instagram à suivre

@bodyposipanda. Après avoir vaincu son anorexie, la pétillante Megan est devenue l'une des égéries du Body Positive. Avec ses cheveux couleurs licorne et ses photos pétillantes, elle consacre son temps à sa mission : nous faire réaliser que notre corps imparfait est beau tel qu'il est.

@ely_killeuse. Blogueuse Body Positive, Yasmine raconte comment elle a appris à se détacher de l'obsession des kilos et comment elle est finalement plus heureuse en taille 42 qu'en taille 36.

@winnieharlow. Winnie Harlow est atteinte de vitiligo, une maladie qui dépigmente la peau. Raillée quand elle était enfant, elle est aujourd'hui mannequin de renommée internationale, nouvelle favorite des marques et égérie du Body Positive à l'énergie virale.

@iskra. Ambassadrice de #everyBODYisbeautiful (« tous les corps sont beaux »), Iskra est une mannequin britannique rayonnante et toute en courbe qui ne cesse de se battre contre les stéréotypes du corps féminin.

@me_versus_me. Luciana a décidé de ne plus faire semblant et de s'assumer telle qu'elle est après être sortie de l'anorexie et de la boulimie. Aujourd'hui, elle partage ses valeurs body positive à travers son compte Instagram.

Les défis body positive : 1 semaine pour me lancer !

Plutôt que de se mettre au sport parce qu'on n'aime pas son corps ni ses courbes, si on pratiquait une activité physique pour prendre soin de soi et enfin s'apprécier telle que l'on est ? Plusieurs études ont démontré que la pratique régulière d'une activité physique est un vecteur ultra positif de l'estime de soi. Le simple fait de pratiquer un sport redore l'image que l'on a de son corps, même si celui-ci ne change pas ! Il est certain que le sport contribue à prendre conscience de ses capacités, de ses forces et ses atouts et permet aussi de surmonter les obstacles, à force d'entraînement et de persévérance…

LUNDI

Mon corps, ce héros

Notre corps nous permet toutes sortes de choses merveilleuses alors que nous accordons trop d'importance à son apparence. Lorsque l'on se concentre sur sa fonctionnalité, on le voit de façon plus positive. Listez ci-dessous ce que votre corps vous permet de faire et que vous appréciez :

- Danser
- Courir
- Dessiner
- Écrire

À vous…

MARDI

Générosité, enthousiasme, honnêteté, quelles sont pour vous les qualités que vous appréciez chez les autres personnes et qui les rendent belles ? Notez-les ci-dessous.

1. ....
2. ....
3. ....
4. ....
5. ....

Puis, essayez de déterminer celles que vous possédez. N'oubliez pas qu'elles vous rendent belle, vous aussi !

1. ....
2. ....
3. ....
4. ....
5. ....

MERCREDI

Le clin d'œil

Chaque jour, lorsque vous vous regardez dans le miroir, focalisez-vous d'abord sur vos yeux et ajoutez à votre expression un sourire et un clin d'œil.
Louise Hay, auteure de nombreux ouvrages de développement personnel, conseille de réaliser cet exercice d'estime de soi pendant 30 jours.

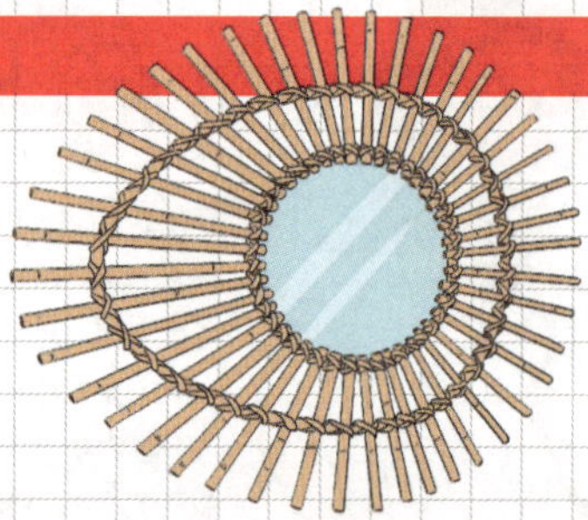

JEUDI

Mes qualités

Demandez à trois de vos proches ce qu'ils trouvent de plus beau en vous et notez-le ci-dessous. Il peut s'agir de qualités physiques ou intérieures.

1. .... trouve que je suis ....
2. .... trouve que je suis ....
3. .... trouve que je suis ....

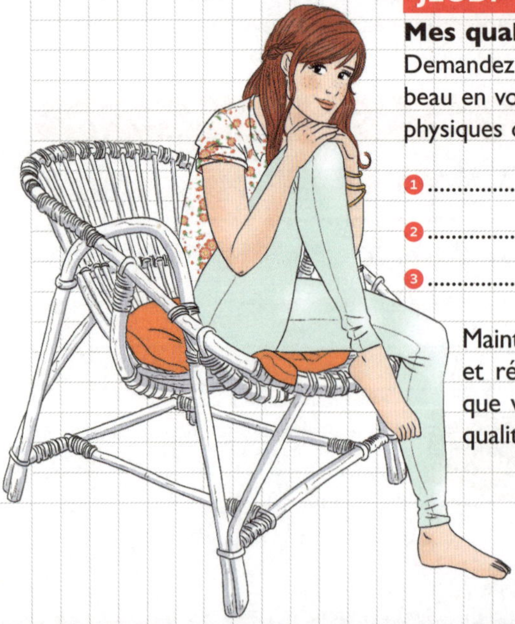

Maintenant, essayez de visualiser ces qualités chez vous et répétez-les comme des mantras. N'oubliez jamais que vous êtes une personne extraordinaire qui a des qualités indéniables !

VENDREDI

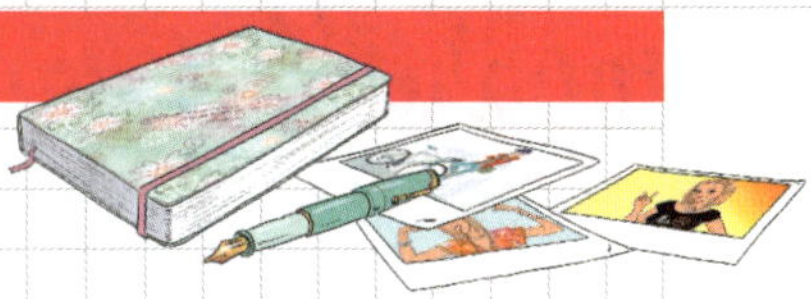

Ce que j'aime chez moi

Munissez-vous de photos, d'un papier et d'un crayon. Dressez deux listes : « Ce que j'aime chez moi » et « Ce que je n'aime pas ».

En position assise, le dos droit, en vous sentant fière de vous, songez à 3 défauts, par exemple vos cernes, puis associez-y simultanément ce que vous aimez chez vous : vos yeux. Pensez à leur couleur, à leur forme, touchez-les (à travers les paupières), entendez les compliments faits à leur sujet. Concentrez-vous un long moment en essayant de ressentir l'impact de ces « remarques » bienveillantes… Et mémorisez cette sensation agréable.

Un défaut	**Un défaut**	**Un défaut**
....	....	....
Ce que j'aime	**Ce que j'aime**	**Ce que j'aime**
....	....	....
....	....	....
....	....	....
....	....	....

SAMEDI

L'épreuve du miroir

Regardez-vous en sous-vêtements dans le miroir et tentez de vous focaliser sur vos atouts, les parties de votre corps que vous aimez (mais si, il y en a bien quelques-unes) et soyez indulgente envers celles que vous aimez moins. Essayez de vous décrire en quelques lignes sans vous juger. Éviter de dire : « J'ai un gros ventre », dites plutôt : « Mon ventre est rond. »

DIMANCHE

Les affirmations positives

Agissant comme des mantras, les affirmations positives sont là pour influencer positivement notre esprit. Elles aident à s'accepter telle que l'on est, avec ses forces et ses faiblesses, et participent à la construction d'une bonne estime personnelle. Ainsi, les pensées dévalorisantes et négatives à votre égard passent au second plan. Pour cela, choisissez des affirmations précises. Puis, lorsque vous les énoncez, faites en sorte de les « ressentir ». Fermez les yeux, respirez longuement et lentement et répétez-vous : « Je suis forte, je suis belle, j'ai confiance en moi. »

Chapitre 2

Je prends soin de moi

Aimer son corps, c'est en prendre soin

Pour beaucoup d'entre nous, la confiance en soi s'inscrit dans un projet futur : j'aurai confiance en moi lorsque je serai plus mince, plus musclée, mieux dans ma peau, quand je serai en couple, mieux entourée, plus riche… Nous nous persuadons que nous aurons confiance en nous quand nous aurons remédié à nos failles, ainsi nous pourrons enfin nous sentir bien dans nos baskets.
En fait, nous n'apprenons pas à nous aimer en devenant parfaite mais en devenant indulgente envers nous-même, et en acceptant nos imperfections. Pour que l'amour de soi s'enracine dans le présent, il faut s'accepter entièrement avec ses failles, et pour cela il faut prendre soin de son corps.

On a tendance à se maltraiter…

Oui, lorsque l'on ne s'aime pas, lorsque l'on se déprécie dans le miroir, lorsqu'on se cache, lorsqu'on ne prend pas soin de soi, on se maltraite. Engouffrer un paquet entier de gâteaux, c'est se maltraiter. S'infliger un régime draconien, c'est se maltraiter. Ne pas se reposer lorsqu'on est fatiguée, se dénigrer, se comparer aux autres, se critiquer ou critiquer les autres sont autant de formes de manque de bienveillance. Cela est dû au fait que l'on ne s'aime pas, du moins pas entièrement.
Alors, il est temps de vous révéler et de faire sortir la nana extraordinaire qui est en vous !

Se réconcilier avec soi au quotidien

De la théorie à la pratique, il n'y a qu'un pas… parfois très difficile à franchir. Se faire du bien passe par de petites choses faciles à intégrer dans son quotidien : s'étirer, respirer, bien se nourrir, bouger, se relaxer, prendre un bain, se complimenter… et pourtant, ces petites choses nous semblent parfois aussi difficiles que de gravir l'Himalaya ! Dans ce chapitre, vous allez prendre soin de vous pas à pas pour enfin vous réconcilier avec votre corps.

Je nourris mon corps avec l'alimentation positive

❀ **Mantra** : « Pour fleurir, il faut bien se nourrir. »

L'alimentation positive, quèsaco ?

Je respecte mon corps avec la healthy food

C'est une façon de manger qui respecte votre corps et lui insuffle du bien-être. Manger plus de végétaux, consommer moins de sucre ou réduire sa consommation de produits industriels, voilà quelques principes d'une alimentation healthy, pour être en bonne santé et en pleine forme. S'il n'est pas toujours facile d'avoir une alimentation équilibrée au quotidien, il s'agit surtout d'être plus à l'écoute de vos signaux internes. L'important est de distinguer quand vous avez faim ou non, les aliments qui vous semblent bons pour votre corps et ceux qui le sont moins.

De bons choix, sans frustration !

Le but d'une alimentation body positive, c'est d'adopter des habitudes faciles à intégrer dans sa vie de tous les jours, sans contraintes et sans frustration, pour se sentir bien dans son corps. Vous allez apprendre à faire les choix judicieux pour nourrir sainement votre corps mais aussi votre esprit, sans oublier de vous écouter et d'apprendre à lâcher du lest.

Les 5 clés de l'alimentation positive

❶ J'équilibre

Pour trouver son équilibre, on tâtonne comme lorsqu'on apprend à faire du vélo, une nouvelle posture en yoga ou de la slackline (sport d'équilibre sur une sangle) : on vacille, on tombe, on recommence et on trouve les ajustements qui nous permettent de nous stabiliser. C'est la même chose pour l'alimentation.

On mange trop de desserts sucrés, puis on a une soudaine envie de chips salées. On abuse de l'apéro un week-end et on commence une détox le lundi. On oscille entre l'excès de consommation et l'excès de restriction. L'idée est donc d'équilibrer le contenu de son assiette !

Le truc à faire : mettre en place les ajustements les plus judicieux pour garder l'équilibre. L'idée n'est pas de tout bien faire tout de suite, mais de trouver ce qui vous convient. La majorité de vos repas doivent être équilibrés : protéines + légumes ou céréales + légumineuses + légumes sont, par exemple, deux combos faciles à composer.

❷ Je reste souple

Trop souvent, lorsqu'on veut bien faire et entreprendre une alimentation plus healthy, on adopte une certaine rigidité : éliminer les glucides ou les lipides, exclure certains aliments, se priver de desserts. Ne s'accordant aucune souplesse, on s'oriente directement vers la frustration et la culpabilité. L'idée est donc de rester flexible ! L'important, ce sont les efforts au quotidien, les petites réussites qui vont rapidement se transformer en habitudes durables, et non ce que vous jugez comme des échecs.

Le truc à faire : transformer ces faux pas en véritable plaisir contrôlé et conscientisé. Vous avez mangé sainement toute la semaine et vous vous autorisez un brownie maison ce week-end. Lâchez prise et profitez-en ! Ce jeudi, c'est apéro avec votre copine Julie. Vous rééquilibrerez la balance ce week-end. La règle des 80 % de repas sains et 20 % de plaisir, ça, c'est Bo Po ! Sachez que lorsque les habitudes sont saines, les écarts ne pèsent pas lourd.

❸ Je me nourris sainement et sereinement

L'acte de manger et l'équilibre émotionnel sont étroitement liés. Lorsque nous sommes stressées, nous avons tendance à privilégier une alimentation grasse et sucrée dans une logique de recherche de plaisir sensoriel et de réconfort.

Le truc à faire : agir directement sur le stress avec des techniques de respiration ou des activités de détente (coloriage, cuisine, méditation, yoga). Ainsi, vous éviterez progressivement de répondre à vos émotions en mangeant et vous entretiendrez une relation plus sereine avec votre alimentation.

C'est prouvé !
La psychologue Georgina Olivier, de l'université de Londres, a proposé à des volontaires de prononcer un discours en public, ce qui est généralement source de stress, et a mis à leur disposition un buffet. Elle a pu constater que les « mangeurs émotionnels », ceux ayant été le plus stressés, ont mangé plus d'aliments gras et sucrés que les autres.

❹ J'essaie de faire les bons choix

Même si certains aliments sont préférables à d'autres, évitez d'émettre un jugement. Manger un aliment que vous jugez mauvais peut entraîner un sentiment de culpabilité et de perte de contrôle. « Fichu pour fichu, je reprendrai mes bonnes habitudes demain. » Ce n'est pas parce que vous avez craqué sur un paquet de chips ou ce fondant au chocolat si alléchant que votre approche healthy de l'alimentation tombe à l'eau. C'est l'ensemble qui compte, au-delà d'une journée isolée !

Le truc à faire : ne s'interdire aucun aliment. Essayez plutôt de faire des choix judicieux. Une envie de burger-frites pointe le bout de son nez ? Tranchez les pommes de terre (la patate douce, c'est encore mieux), ajoutez un filet d'huile ainsi que des herbes et hop ! au four. Accompagnez-les d'un burger maison (veggie, c'est mieux aussi). Et le tour est joué !

❺ Je reste à l'écoute de mes sensations

Nos émotions perturbent les signaux de faim et de satiété, chacune réagissant selon son histoire émotionnelle. Pour certaines, la joie et l'excitation peuvent stimuler l'envie de manger, sans doute pour faire la fête. À l'inverse, la tristesse et la colère chez certaines freinent ou stimulent l'envie de manger pour compenser leurs émotions.

Le truc à faire : essayer d'agir directement sur ses émotions plutôt que d'y répondre par la nourriture. Sortez avec des amis plutôt que de manger devant la télé par ennui ou prenez une tisane et un bon bain chaud lorsque vous sentez l'anxiété monter.

Notre façon de manger est aussi conditionnée par certains réflexes. Vous n'avez pas faim à l'heure du déjeuner ? Prenez un encas et repoussez votre repas. Vous n'arrivez pas à finir votre assiette ? Réservez les restes de votre repas pour une autre fois et, au restaurant, n'hésitez pas à demander un doggy bag. Restez également vigilante à l'égard de la « faim de convivialité », cette faim qui nous entraîne à manger plus que nos besoins lorsque nous sommes entourées. Les festivités et autres repas entre amis en sont de parfaits exemples. D'autant plus lorsque nous buvons de l'alcool, qui a pour effet de bloquer les signaux de satiété. Nous perdons ainsi de vue nos sensations, concept clé de l'alimentation positive.

J'adopte les habitudes alimentaires body positive

Le meilleur moyen d'exprimer au mieux votre potentiel physique et mental est de donner à votre corps tout ce dont il a besoin. Votre assiette doit vous ressembler, aussi vos envies ne doivent-elles pas être refrénées avec rigidité. Pour mettre de la couleur et de la gaieté dans vos menus, vous allez découvrir de nouveaux aliments, essayer de nouvelles recettes, vous tourner vers des habitudes saines et respectueuses de votre corps.

J'offre un lifting à mon placard

Des céréales complètes : riz semi-complet ou complet, quinoa, sarrasin, épeautre, boulgour sont plus nutritifs et rassasiants. Ils ont aussi l'avantage de moins élever la glycémie dans le sang (voir p. 52).

Des légumes de saison : ils nous apportent du goût, des couleurs, des textures, des fibres et toute une panoplie de nutriments essentiels à notre organisme.

Des farines sans gluten : pour changer du blé, on s'essaie aux farines de riz, de quinoa, de sarrasin, de pois chiches. Celles de châtaigne et de coco se prêtent idéalement à la confection des desserts.

Des huiles végétales de qualité : les huiles d'olive et de colza, à utiliser en alternance, apportent de bonnes graisses. On peut aussi varier avec les huiles de lin, de noisette, de cameline et de sésame. On les préfère de première pression à froid ou bio.

Des graines et des oléagineux : sources de lipides de qualité, ils se mangent crus, toastés, sous forme d'huile, de purée, de lait et de poudre. Laissez-vous séduire par les noix, noisettes, amandes, graines de sésame, de lin, de chia. Les purées d'amandes, de noisettes, de cacahuètes s'utilisent de différentes façons : pour les sauces, desserts, tartinades… Avec elles, vous direz adieu au Nutella®.

Des laits végétaux : dépourvues de lactose et bien plus healthy que le lait de vache, les boissons végétales renferment également bien moins de graisses et de sucre que le lait classique tout en restant gourmandes.

Des épices : comme les herbes, elles apportent de l'arôme à vos plats. Le curcuma, le gingembre et la cardamome ont en plus l'avantage d'avoir des pouvoirs anti-inflammatoires et transforment un simple plat de riz en voyage gustatif.

Mes tips pour des repas positifs

Grignoter en permanence, avoir une alimentation déséquilibrée sont des façons de maltraiter son corps. Pour adopter le Body Positive, manger en pleine conscience et faire profiter pleinement votre corps des bénéfices physiologiques et psychologiques d'un bon repas, essayez ces astuces.

- **Je ferme les yeux à chaque première bouchée** d'un repas. Je me mets ainsi en condition pour manger, je savoure la première fourchetée, j'apprivoise les arômes, la texture, le goût sucré, salé, acide ou amer.
- **Je m'efforce de bien mâcher** à chaque bouchée. La mastication participe au sentiment de satiété et à la bonne digestion.
- **J'attends 3 minutes** avant de me resservir. J'évalue si mon envie est liée à la faim, à l'habitude ou à la gourmandise.
- **Je sers mon repas dans une assiette plus petite.**
- **Je passe au moins un repas par jour sans télé** ni smartphone.
- **Je consomme des aliments salés au petit déj** : avocat, œufs, fromage frais, tofu ou oléagineux. Les protéines sont plus rassasiantes et les lipides mieux assimilés le matin.

Mon assiette positive

- ¼ de protéines : poisson, viande, œufs, tofu ou autres légumineuses (lentilles, pois chiches, etc.), seitan.
- ¼ de céréales : riz, quinoa, sarrasin, boulgour…
- ½ de légumes : crus et/ou cuits, de saison et bio.

Le buddha bowl, le bol healthy

Facile, rapide et ultra sain, il se compose, en mode veggie, de plusieurs aliments cuits et crus qui, associés, nous apportent vitamines, minéraux, glucides, protéines et lipides de façon équilibrée. À préparer dans un bol aussi gros et rond que le ventre de Buddha !

Le bon mix :

- des céréales pour les glucides : épeautre, riz, quinoa, millet, amarante, boulgour, sorgo ou sarrasin ;
- des légumineuses pour les protéines et les fibres : lentilles, pois, fèves, haricots, soja ;
- des légumes pour les vitamines et minéraux : salade, chou, carottes, épinards, courgette, avocat ;
- des graines pour leurs vitamines, minéraux et oméga-3 : lin, courge, chanvre, chia, pavot ;
- des oléagineux pour les lipides et oméga-3 : noix, noisettes, amandes, noix de pécan ou de cajou ou tout simplement des huiles végétales.

Le poke bowl, la version exotique

Du thon rouge cru mariné dans de la sauce soja, des tranches d'avocat, des algues, des noix de cajou ou de macadamia, des oignons émincés, des morceaux de mangue fraîche, le tout accompagné de gingembre et de riz, tels sont les ingrédients de cette recette fraîche et légère. « *Poke* » signifiant « dés », tout est coupé en morceaux et placé dans un bol. Pour une version veggie, on remplace le poisson par du tofu, du tempeh ou du seitan.

Mon challenge food positive

Je prends le temps d'observer mon alimentation

Dites adieu aux régimes et respectez enfin vos besoins nutritionnels avec ce challenge food. Nourrir sainement votre corps, mais aussi vous écouter et savoir vous faire plaisir est une question de santé, d'énergie… et de bien-être ! Avant toute chose, prenez le temps d'observer votre alimentation telle qu'elle est. Notez ci-dessous, pendant quelques jours :

- **les circonstances dans lesquelles vous mangez** (à heure fixe, en ayant faim, sous le coup de l'émotion, de l'ennui),
- **l'ambiance générale** (en famille, seule, devant la télé ou votre smartphone),
- **vos émotions éventuelles** (satisfaction, culpabilité, colère, détente).

Certaines circonstances négatives vous dictent votre conduite et vous n'êtes alors plus à même d'écouter vos sensations. Repérez-les et agissez dessus pour les transformer en facteurs positifs.
À la fin, faites le point…

	Lundi	Mardi	Mercredi	Jeudi	Vendredi
Ce que j'ai mangé					
Dans quelles conditions					
Ce que j'ai ressenti					

Essayez de repérer les moments où vous avez tendance à grignoter, à manger plus qu'à votre faim, à sauter un repas. Faites le lien avec les circonstances pour tenter d'y remédier. Par exemple, vous ne prenez pas de petit déjeuner le matin par manque de temps, et avant le déjeuner, vous craquez pour des biscuits chocolatés car vous avez une faim de loup… Dans ce cas, essayez de vous lever un quart d'heure plus tôt pour prendre le temps de petit-déjeuner ou de vous préparer la veille une collation saine à emporter.

Je vise la « food positive » en rééquilibrant mes repas

No food positive		Food positive
Petit déjeuner Viennoiserie Tartine de confiture Céréales industrielles Lait Jus de fruits du commerce	*Je remplace par*	**Petit déjeuner** Tartine de beurre (pain complet au levain) Müesli bio ou flocons d'avoine façon porridge 1 œuf sur le plat ou ½ avocat en version salée Thé vert ou infusion
Déjeuner Filet de poulet et pâtes blanches Sandwich jambon-emmental Burger et frites	*Je remplace par*	**Déjeuner** Filet de poulet et tagliatelles de courgettes Sandwich végétarien au pain complet Burger veggie et frites de patate douce
Collation Barre de céréales du commerce Yaourt aromatisé	*Je remplace par*	**Collation** Poignée d'oléagineux (amandes, noix, noisettes). Fruits frais
Dîner Soupe à l'oignon avec croûtons Pavé de saumon et purée de pommes de terre Chili con carne	*Je remplace par*	**Dîner** Soupe de lentilles corail et lait de coco Pavé de saumon et quinoa Chili sin carne (tomates, haricots rouges, protéines de soja, épices ; voir recette p. 57)

Je réveille mon corps

❀ **Mantra** : « Avoir un mental 100 % positif, c'est la clé de toutes les victoires. »

Le sport est un véritable allié pour apprendre à s'aimer, s'accepter telle que l'on est réellement et surtout se focaliser sur l'essentiel. Parfois, nous marchons « à côté » de notre corps, projetant sur lui un idéal irréaliste, en nous infligeant des pensées négatives à son propos. Le sport permet de se réapproprier son corps, de ne faire qu'un avec lui, une façon de se sentir mieux. En sortant de sa zone de confort, en dépassant ses pensées limitantes, en progressant, on se prouve qu'on est capable de réaliser bien plus que ce qu'on pensait. On redécouvre également des valeurs porteuses qui permettent de redessiner sa personnalité : aller de l'avant et croire en soi. De façon générale, le sport accroît la confiance en soi, c'est prouvé !

Je change radicalement mon approche du sport

Le principe du sport positive, c'est qu'il permet de se reconnecter aux sensations de son corps. Il est donc complètement respectueux du corps. On ne souhaite pas le maltraiter avec des entraînements trop désagréables ni avec des objectifs qui ne lui correspondent pas. On ne le transforme pas parce qu'on le déteste, mais parce qu'on veut exploiter ses capacités et se challenger avec lui (pas contre lui). Quand votre tête et votre corps se sentent bien en training, c'est que vous faites du sport body positive.

Les 5 clés du sport Bo Po

❀ **Mantra** : « Prends soin de ton corps pour que ton âme ait envie d'y rester. » Proverbe indien

Accepter son corps ne signifie pas que l'on se résigne mais bien que l'on en prenne soin. Nous pouvons chouchouter notre corps, être en accord avec lui et même repousser quelquefois ses limites. Rappelez-vous que le plus beau corps, c'est celui dans lequel on se sent épanouie, et le sport y contribue !

Je m'entraîne avec plaisir

Le sport n'est pas uniquement un moyen de transformer son corps… Dans l'esprit du Body Positive, on ne fait pas du sport pour perdre du poids mais pour prendre son pied. Il permet avant tout d'être en bonne santé, de gagner en énergie, d'améliorer son bien-être, de décompresser, de booster sa confiance en soi, tout comme il améliore l'image que l'on a de soi. Bref, le sport dope l'humeur d'ondes positives !

Je ne me compare pas!

Adopter une approche différente de la pratique sportive classique permet de relativiser sur l'apparence de son corps, de s'éloigner des comparaisons et d'éviter la compétition malsaine. Votre objectif pourra être une meilleure version de vous-même, si cette évolution se fait dans le respect de votre corps et dans la recherche de bien-être et de plaisir. Pas dans la contrainte.

Je ne me mets pas la pression!

En Body Positive, on évite surtout de s'imposer des objectifs inatteignables et démotivants, comme courir ou se rendre à la salle tous les jours, perdre 5 kilos en 15 jours, courir aussi longtemps que sa copine, avoir de meilleurs perf' que telle personne, etc. Fixez-vous de petits objectifs atteignables : faire deux fois le tour du quartier en marche rapide, courir 30 minutes deux fois par semaine, s'accorder 1 heure de yoga… Allier le sport au Body Positive, c'est pratiquer un sport pour son bien-être mais cela ne signifie pas que l'on ne puisse pas se dépasser ou se lancer des challenges de temps en temps.

J'apprends à mieux connaître mon corps

Le sport, c'est la liberté de pouvoir faire ce qu'on veut quand on veut et d'aimer son corps tel qu'il est et pour ce qu'il est capable de faire. Mais c'est aussi le plaisir jouissif du dépassement de soi, de savoir qu'on est allée au bout de ses capacités, corps et mental réunis. C'est apprendre à se connaître pour découvrir tout son potentiel.

Je m'entraîne régulièrement, donc je m'aime

Si vous ne vous aimez pas telle que vous êtes, ne vous résignez pas. Le Bo Po n'interdit pas d'être fière d'un corps qui se transforme par le sport. Si cette transformation vous rend fière, plus confiante et si grâce à elle vos défauts deviennent vos atouts, c'est body positive! Les «grosses» cuisses que vous n'aimiez pas peuvent devenir des cuisses musclées, patiemment travaillées, une vraie fierté! La seule règle est de toujours écouter son corps et d'avancer avec lui, non contre lui.

Les sports qui boostent la confiance en soi

Les sports de combat

Plus que de simples défouloirs, les disciplines de combat travaillent sur la technicité et la maîtrise de ses gestes ainsi que de ses émotions. Loin d'être violents, les sports de combat comme la boxe permettent de se dépenser, de lâcher prise et de libérer l'esprit. En plus des effets bénéfiques sur la silhouette, on apprend à prendre du recul, on gagne en maîtrise et en confiance en soi.

Pourquoi c'est bon pour moi? Sur le ring ou devant le sac de boxe, on est seule face à soi-même, on apprend à connaître et à gérer ses émotions.

La danse

C'est un moyen d'expression corporelle qui permet de se défouler, de décomplexer, de se vider la tête. La Zumba est un parfait exemple du lâcher-prise : on danse, on bouge dans tous les sens, on rit, oubliant tous ses complexes. Certains cours associent les bienfaits de la danse à une expression corporelle affirmée et très féminine. On pense au cours de LadyShock, un concept de danse qui mêle l'assurance, la féminité et sa propre personnalité. Les cours de booty chic, booty shake ou booty therapy dans lesquels on remue son popotin dans la bonne humeur, viennent aussi à la rescousse de notre féminité.

Pourquoi c'est bon pour moi ? On insuffle un peu de *Queen B* et de girl power à sa vie dans une ambiance fun et positive.

Le running

En plus des bienfaits physiques largement reconnus, courir procure du plaisir, augmente la confiance en soi, permet de se dépasser et stimule l'envie de défi. Alors que l'on croit notre corps limité, le running permet de découvrir de nouvelles aptitudes que l'on ne soupçonnait pas : courir plus vite, plus loin, plus longtemps. Véritable défouloir, la course à pied est aussi une forme de combat avec soi-même qui, lorsqu'il est achevé, procure une grande satisfaction. Le running renvoie à une idée de dépassement de soi et offre une sensation de légèreté.

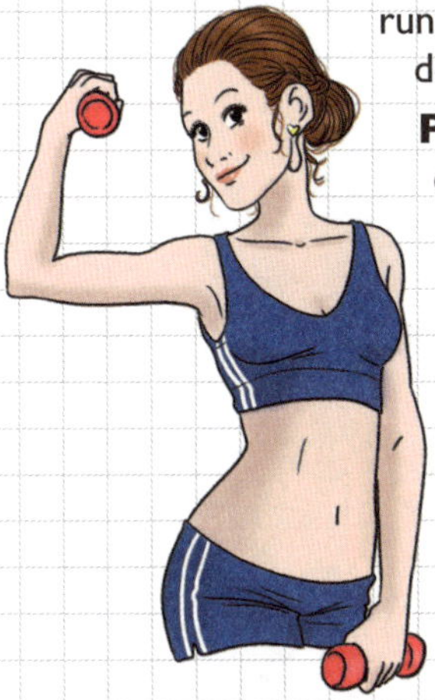

Pourquoi c'est bon pour moi ? En courant, certaines laissent leur esprit divaguer quand d'autres restent à l'écoute de leurs sensations. On passe souvent par des états méditatifs excellents pour le mental.

La musculation

La musculation est une façon de renouer avec son corps. On prend conscience de ses capacités, on se motive, on se challenge. Cette discipline nous procure un sentiment d'accomplissement et de maîtrise. Chaque séance est un défi avec soi-même, une façon de repousser ses limites et d'éprouver de la satisfaction à chaque progression.

Pourquoi c'est bon pour moi ? La musculation est un sport qui, au-delà de l'apparence, permet de se forger un mental de guerrière.

Le yoga

La confiance en soi, c'est en nous que ça se passe. À l'intérieur. Retrouver la confiance en soi, c'est savoir trouver sa place dans la vie et l'assumer. C'est être juste avec soi-même comme avec les autres. La pratique régulière du yoga et de la méditation nous apprend à trouver cet équilibre. Le yoga favorise les pensées positives et chasse les négatives.

Lorsque vous réussissez des poses difficiles, vous ressentez une sensation de puissance et de satisfaction personnelle. Vous constatez que vous êtes capable de beaucoup plus que vous ne le pensiez.

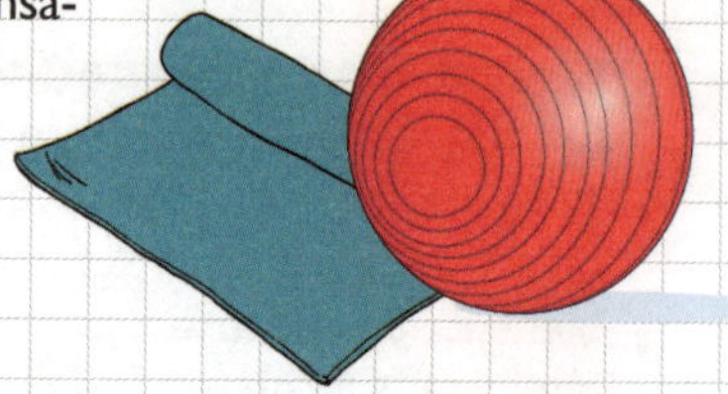

Pourquoi c'est bon pour moi ? Les exercices de respiration, le renforcement du corps, le travail sur l'ancrage et la stabilité permettent d'améliorer la confiance en soi.

Les disciplines aériennes

La pole dance, le tissu aérien (discipline d'acrobaties aériennes sur tissu), l'acroyoga (postures de yoga acrobatiques) sont des disciplines aériennes à base de gainage, de renforcement et de stretching. On se forge aussi un mental à toute épreuve en laissant ses complexes et ses appréhensions au placard. Ces disciplines artistiques mettent à l'honneur l'esthétisme, la créativité et le féminin. On prend confiance en soi car on laisse notre part intérieure, notre féminité et notre grâce s'exprimer. Une façon de plus d'apprendre à aimer son corps.

Pourquoi c'est bon pour moi ? On recherche son équilibre, sa stabilité, on harmonise son souffle. On se focalise sur le centre de son corps et on cherche à faire le vide intérieur. On apprend ainsi à se faire confiance.

Je bouge au quotidien

30 minutes, 3 ou 4 fois par semaine

« *L'idéal, c'est de faire 30 minutes d'activité physique trois fois par semaine. C'est aussi efficace que le plus puissant des psychotropes* », révèle Tal Ben-Shahar, professeur de renommée internationale en psychologie positive et célèbre pour ses cours à Harvard sur le bonheur.

« *Tout le monde sait qu'il faut faire du sport pour se sentir bien* », admet-il. Mais peu de personnes savent que lors d'une étude sur 156 personnes dépressives, le groupe traité via des antidépresseurs a eu le même taux de guérison que le groupe dont le traitement consistait à faire 30 minutes d'exercices physiques trois fois par semaine. Mieux encore, le groupe de sportif a un taux de rechute (9 %) plus faible que le groupe traité aux antidépresseurs (36 %). « *Depuis que je connais les résultats de cette étude, je fais du sport trois fois par semaine sans jamais manquer une séance* », confie le professeur du bonheur. Et vous, êtes-vous prête à tester la recette du bonheur ?

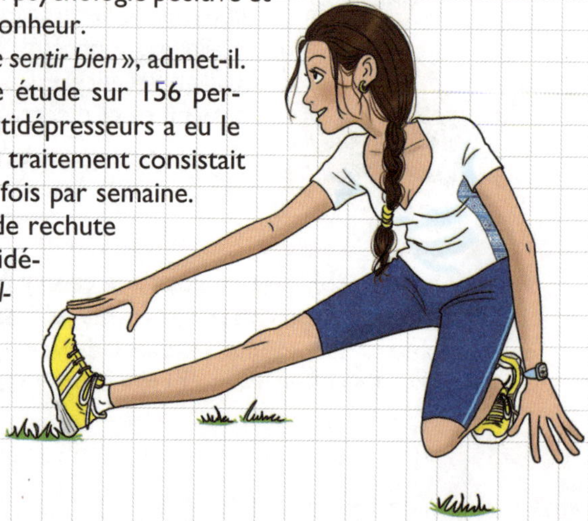

Mon planning hebdo

Un planning Body Positive, c'est avant tout un planning doux et bienveillant, qui vous permet d'aller à la rencontre de vos sensations, d'écouter votre corps !

2 semaines pour un max de bien-être !

Voici un exemple de programme sur 2 semaines pour bouger un peu tous les jours.

En pratique : les séances de sport ne vous prendront en général **pas plus de 30 minutes** et sont donc faciles à caser dans votre emploi du temps : marche active, circuit abdos ou sortie running express, voici quelques séances pour pratiquer une activité physique pour votre bien-être.

Modulez vos séances comme vous le sentez !

Vous pouvez moduler ce planning en fonction de votre niveau et de votre pratique sportive. Restez à l'écoute de votre corps, par exemple si vous êtes fatiguée, ne forcez pas. Mais si vous êtes prise de flemmite aiguë, n'oubliez pas que le sport apaise la fatigue nerveuse, redonne de l'énergie et améliore considérablement le sommeil ! À vos marques, challengez-vous, pour le plaisir !

	Lundi	Mardi	Mercredi	Jeudi	Vendredi	Samedi	Dimanche
Semaine 1	*Circuit yoga (voir p. 47)*	**Running flash** *30 min de footing (voir p. 38)*	*Récup' marche active 30 min*	**Circuit abdos feel good** *(voir p. 38)*	*Récup' marche active 30 min*	**Mon challenge energy** *1 à 3 circuits (voir p. 40)*	*Récup' marche active 30 min*

	Lundi	Mardi	Mercredi	Jeudi	Vendredi	Samedi	Dimanche
Semaine 2	**Running flash** *Séance de fractionné (voir p. 38)*	*Récup' marche active 35 min*	**Challenge energy** *3 à 5 circuits (voir p. 40)*	*Récup' marche active 35 min*	**Circuit abdos feel good** *(voir p. 38)*	*Circuit yoga (voir p. 47)*	*Au choix : footing, vélo, natation (30 à 45 min), marche active (1 h)*

Ma pause marche active

La marche, c'est doux, sans pression et bon pour notre santé. Ça, c'est body positive ! La marche rapide est peu populaire auprès des sportives qui pensent parfois à tort qu'il faut se mettre à l'ultra-cardio, beaucoup moins bienveillant à l'égard de notre corps. Certes, l'intensité de l'effort doit être conséquente pour évoluer, mais il suffit d'associer la marche rapide à d'autres activités pour obtenir la même efficacité.

Allez-y doucement !

Procédez par petits objectifs. Vous pouvez pour cela utiliser un podomètre ou un tracker d'activités. Tous les smartphones possèdent une application santé, avec tracker de pas. N'hésitez pas à utiliser Google Maps pour tracer votre itinéraire et prévisualiser le temps de marche. Essayez de marcher au minimum 30 minutes par jour pour vous maintenir en forme et 1 heure au moins deux fois par semaine, pour avoir de vrais résultats sur votre silhouette.

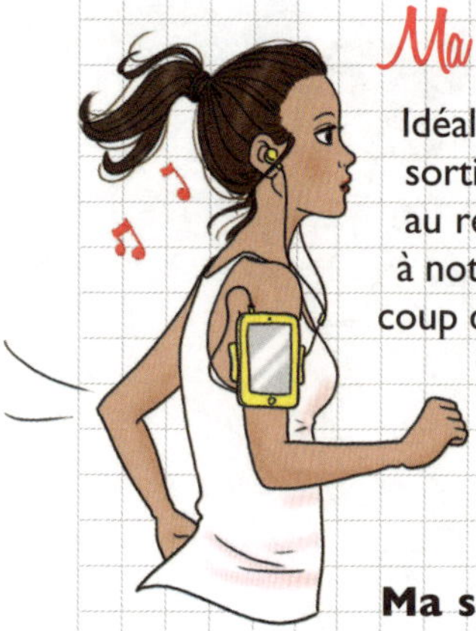

Ma sortie running flash

Idéale lorsque l'on manque de temps ou que l'on est peu motivée, cette sortie ne demande qu'une trentaine de minutes et peut s'effectuer le matin au réveil, lors de la pause déjeuner, en rentrant du travail. On l'aménage à notre guise selon ses envies ! On reste donc à l'écoute de son corps. Un coup de boost ? Allez, on enfile ses baskets et let's go !

Ma séance free run : totale liberté ! On court pendant une trentaine de minutes selon son niveau. Pas de kilomètres imposés, ni d'allure, ni d'itinéraires. On court au ressenti et on en profite, on se fait du bien en se vidant l'esprit.

Ma séance côtes ou escaliers : pour booster son entraînement, la séance de côtes ou d'escaliers s'avère un peu difficile mais ultra efficace. On travaille sa technique et on développe sa puissance musculaire. En pratique, on s'échauffe en courant tranquillement pendant 10 min, puis on enchaîne les montées. Dans l'escalier, on grimpe en courant et on redescend en marchant pour récupérer. On recommence 10 fois et on récupère 2 min avant de terminer en footing à allure modérée durant une dizaine de minutes. Pour les côtes, on effectue 10 montées de 100 m et on récupère 1 min à 1,30 min.

Ma mini-séance de fractionné : on commence par un échauffement de 10 min (rotations d'épaules, de hanches, de cheville, pas chassés, talons-fesses, montées de genoux, trot). Puis, on enchaîne 10 séries de 30/30, c'est-à-dire 30 s de course à allure rapide et 30 s de récupération (trot ou marche). C'est une bonne formule pour ne pas perdre de temps tout en sollicitant le système cardio-vasculaire. On termine par un retour au calme d'environ 10 min (footing à allure lente).

Mon circuit abdos feel good

Marre de souffrir le martyre en faisant votre séance d'abdos ? Essayez ce circuit feel good pour enfin vous muscler en douceur, sans vous faire mal et en respectant votre périnée qui joue un rôle fondamental de soutien des organes internes. Mal effectués (sans contraction du périnée), certains exercices augmentent la pression sur les viscères et poussent les organes vers l'avant et vers le bas. Ce circuit est donc composé de mouvements dans l'étirement et d'exercices de gainage. Il se réalise en enchaînant les exercices.

En pratique : vous pouvez le répéter **3 à 6 fois selon votre niveau** en **récupérant 1,30 min** entre chaque circuit.

Le bateau

Comment faire ? Assise au sol, genoux fléchis, tendez les bras devant vous. Expirez en contractant vos abdominaux et décollez les pieds du sol, jambes fléchies à 90°. Tenez la posture sur 5 longues expirations. Pour aller plus loin : tendez vos jambes.

Mon conseil : gardez le dos droit, allongez le sommet de votre crâne vers le plafond et abaissez les omoplates. Respirez naturellement.

Le dead bug

Comment faire ? Allongée, jambes fléchies et pieds à plat au sol. Fléchissez vos jambes de façon à former un angle de 90° entre votre buste et vos cuisses. Tendez vos bras vers le plafond, paumes de mains face à face. Sur l'expiration, tendez une jambe et le bras opposé en les abaissant vers le sol sans creuser le dos. Inspirez et replacez votre jambe et votre bras en position initiale. Effectuez l'exercice de l'autre côté. Réalisez 4 à 6 allers-retours.

Mon conseil : gardez la cambrure naturelle de vos lombaires mais serrez les abdos et le périnée en permanence.

Le twist allongée

Comment faire ? Allongée, jambes fléchies et pieds à plat au sol. Fléchissez vos jambes de façon à former un angle de 90° entre votre buste et vos cuisses. Les bras restent le long du corps, légèrement écartés pour plus de stabilité. En contractant vos abdos et sur l'expiration, basculez vos jambes d'un côté de façon à les rapprocher du sol (10 cm). Inspirez et replacez vos jambes au centre. Reproduisez l'exercice de l'autre côté. Effectuez 4 à 6 allers-retours de chaque côté.

Mon conseil : ne cambrez pas le dos et ne basculez pas le bassin vers l'avant. Gardez les abdos contractés.

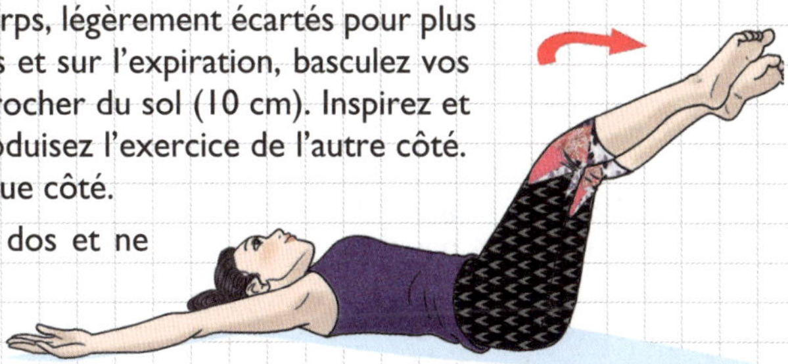

La planche inversée

Comment faire? Assise au sol jambes tendues, placez vos mains de chaque côté de vos fessiers, sous vos épaules et doigts en direction de vos pieds. Sur l'expiration, décollez le bassin du sol et gainez votre corps de façon à former une ligne droite de vos pieds à votre buste. Gardez vos pieds pointés vers le sol. Expirez en contractant vos abdominaux et tenez la posture sur 5 longues expirations. Pour aller plus loin : levez une jambe vers le ciel. Puis recommencez l'exercice avec l'autre jambe.

Mon conseil : allongez votre corps comme si un fil l'étirait de vos pieds au sommet de votre crâne.

La planche dynamique latérale

Comment faire? Assise sur le côté d'un fessier, une jambe fléchie pied au sol et l'autre fléchie au sol sous la cuisse. Placez une main au sol et l'autre tendue dans l'alignement de l'épaule. Sur l'expiration, poussez le bassin vers le ciel de façon à tendre les deux jambes. Tendez le bras en direction opposée et dans l'alignement du corps.

Reproduisez l'exercice de l'autre côté. Effectuez 4 à 6 planches de chaque côté.

Mon conseil : à chaque expiration, serrez un peu plus les abdos.

Mon challenge energy : mon training en 7 minutes

Voici un circuit HIIT (*Hight Intensity Interval Training*), idéal pour les débutantes qui découvrent l'entraînement fractionné de haute intensité ou les plus aguerries qui veulent se challenger ! **Cette séance d'entraînement de 7 min pour 1 circuit (pouvant durer jusqu'à 21 min, soit 3 circuits)** renforce votre corps et cible tous les groupes musculaires : haut et bas du corps, ainsi que les abdos. On sollicite son corps dans sa globalité pour un travail harmonieux. Avec ce petit challenge, votre corps va se tester, se booster et

Le bon tempo

Effectuez l'exercice pendant 30 s et récupérez ensuite pendant 30 s. Enchaînez les exercices sans pause. Vous pouvez réaliser cet enchaînement 1 à 3 fois avec 2 min de récupération entre chaque circuit.

se sentir vivant ! **Les exercices ne nécessitent pas de matériel particulier et peuvent être réalisés n'importe quand et n'importe où.** C'est vous qui décidez ! Des séries courtes explosives qui vont vous faire transpirer, et terriblement du bien… à en devenir accro !

Criss cross jacks

C'est bon pour : le cardio.

Comment faire? Debout, jambes écartées plus largement que la largeur du bassin, bras tendus à hauteur des épaules. Sautez pour croiser les jambes et les bras devant vous. Alternez chaque pied lors de chaque saut pendant 30 s. Récupérez 10 s.

Fente kick droite

C'est bon pour : les quadriceps et les fessiers.

Comment faire? Debout, les pieds écartés de la largeur du bassin. Faites un pas de façon à placer la jambe droite vers l'avant. Fléchissez les genoux jusqu'à ce que la jambe avant forme un angle à 90°. Remontez sur l'expiration en poussant sur votre talon avant et effectuez un kick (coup de pied) vers l'avant avec la jambe arrière. Puis, inspirez et repartez directement en fente.

Punch & crunch droit

C'est bon pour : les bras, les obliques et les abdos.

Comment faire? Debout, placez le pied gauche en avant, les genoux légèrement fléchis et les poings proches du visage. Tendez le bras gauche vers l'avant comme pour frapper, puis ramenez-le au centre. Pivotez ensuite le buste de façon à tendre le bras droit et revenez au centre. Frappez de nouveau avec le bras gauche. Lorsque vous ramenez le bras gauche, rapprochez le genou gauche de la poitrine.

Planche sur une jambe

C'est bon pour : le transverse et les fessiers.

Comment faire? En position de planche, bras tendus, mains sous les épaules et en appui sur la pointe des pieds. Sur l'expiration, décollez un pied du sol en contractant le fessier. Serrez vos abdos pour ne pas cambrer le dos et reposez le pied au sol. Alternez chaque jambe.

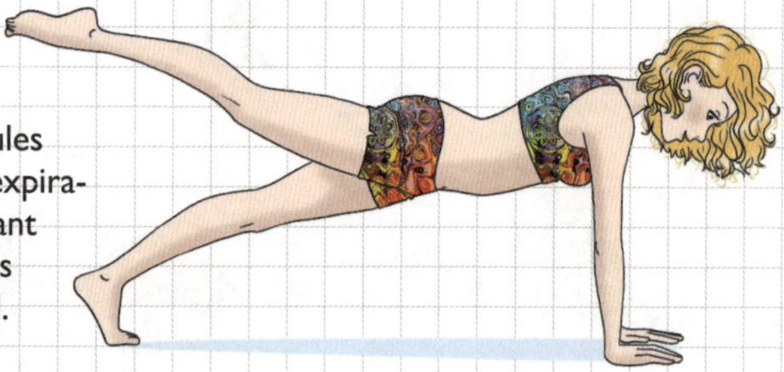

Punch & crunch gauche

C'est bon pour : les bras, les obliques et les abdos.

Comment faire? Debout, placez le pied droit en avant, les genoux légèrement fléchis et les poings proches du visage. Tendez le bras droit vers l'avant comme pour frapper, puis ramenez-le au centre. Pivotez ensuite le buste de façon à tendre le bras gauche et revenez au centre. Frappez de nouveau avec le bras droit. Lorsque vous ramenez le bras droit, rapprochez le genou droit de la poitrine.

Abdos debout

C'est bon pour : les obliques.

Comment faire? Debout, pieds écartés largeur du bassin et mains derrière la tête. Effectuez un crunch latéral du côté droit en amenant votre genou droit vers le coude droit. Reposez votre jambe droite au sol et revenez en position initiale. Effectuez le même mouvement de l'autre côté.

Fente kick gauche

C'est bon pour : les quadriceps et les fessiers.

Comment faire? Debout, les pieds écartés de la largeur du bassin. Faites un pas en avant de façon à placer la jambe gauche vers l'avant. Fléchissez les deux genoux jusqu'à ce que la jambe avant forme un angle à 90°. Remontez en poussant sur votre talon avant et effectuez un kick (coup de pied) vers l'avant avec la jambe arrière. Puis repartez directement en fente.

Retour au calme

À la fin de la séance, vous allez relâcher toute la pression et marcher quelques instants pour faire redescendre votre rythme cardiaque. Placez vos pieds de la largeur du bassin, inspirez en allongeant la colonne et en levant les bras au ciel. Puis expirez pour relâcher. Observez comme vous vous sentez submergée par une sensation de bien-être! Alors, profitez-en pour vous étirer!

Étirements des épaules : inspirez et attrapez le coude avec la main opposée. Expirez et effectuez une légère pression du coude vers la poitrine en gardant les bras fléchis et les épaules basses.

Étirement des quadriceps : pieds largeur du bassin, inspirez et attrapez votre cheville droite. Expirez et ramenez votre talon aux fessiers. Collez les genoux l'un contre l'autre et basculez le bassin vers l'avant.

Étirement des fessiers : assise au sol, genoux fléchis, ramenez la cheville droite sur la cuisse gauche. Placez les doigts au sol derrière vous et repoussez le sol. Inspirez et montez la poitrine. Expirez et poussez le genou droit vers le sol, pieds flexes. Recommencez de l'autre côté.

Je fais la paix avec mon corps

Je me libère des apparences

On est bien souvent prisonnière de nos complexes physiques. Voici un exercice de visualisation mentale pour prendre conscience du poids des apparences et s'en libérer. La visualisation mentale est une technique qui vise à mobiliser les ressources de l'esprit, de l'imagination et de l'intuition pour améliorer son bien-être. Le cerveau humain ne faisant pas la différence entre une image mentale et la réalité, la visualisation est une technique très puissante et efficace. Essayez !

En pratique...

Fermez les yeux et imaginez que vous vous promenez toute nue dans votre salle de bains. Rien de plus banal. Vous êtes à l'aise.

Imaginez ensuite que vous vous promenez nue sur une île déserte. Le soleil caresse votre visage, le vent chaud souffle sur votre corps. Inspirez et imaginez que vous vous sentez bien dans votre corps. Prenez mentalement une photo de ce moment de bien-être et faites passer cette photo à travers tout votre corps, de la tête aux pieds. Rangez-la ensuite dans un coin caché de votre corps, où vous le souhaitez.

Puis, imaginez que vous marchez nue parmi des nudistes. Soyez à l'aise avec votre nudité, car personne n'y prête attention, la nudité est naturelle pour tous ceux qui vous entourent. Imaginez maintenant que vous vous promenez en maillot de bain dans la rue. Puis que vous vous promenez nue parmi la foule. Ressentez comme vous êtes finalement à l'aise. **Maintenant, rhabillez-vous et préservez ce sentiment de confiance.** N'hésitez pas à ressortir votre photo mentale dès que vous ne vous sentez pas à l'aise avec votre corps.

Je retrouve confiance en moi avec l'autohypnose

Un regard bienveillant sur soi

L'autohypnose permet d'accéder à un état de conscience modifiée et de s'adresser directement à son inconscient. Elle atteint la source des émotions, la mémoire, la zone de stockage des comportements et habitudes, la zone des problèmes ou des symptômes. L'autohypnose permet ainsi au cerveau de traiter différemment les informations stockées pour parvenir à mettre en place des comportements mieux adaptés. « *L'inconscient, c'est cette petite partie de soi-même qui gère tout, dont ce qu'on ne veut pas faire consciemment. L'autohypnose a pour vocation de vous permettre d'utiliser les capacités inconscientes de votre cerveau* », explique Nicolas Poissenot, hypnothérapeute. L'autohypnose propose ainsi des outils pour adopter un regard bienveillant sur soi, gagner en confiance et utiliser tout son potentiel en dépassant les barrières que l'on s'impose. Pour y parvenir, notre expert vous propose l'exercice du « double du futur ».

Que les plus sceptiques se rassurent, l'hypnose a des vertus santé et psychologiques reconnues. Loin des shows télévisés, l'hypnose commence à se faire une place dans les hôpitaux et cabinets de praticiens. Cette technique permet d'agir directement sur la confiance en soi, la perte de poids ou la gestion de la douleur.

En pratique…

Placez une chaise à 3 mètres de vous et asseyez-vous confortablement en face d'elle.

Fermez les yeux et scannez mentalement votre corps : chaque partie des pieds à la tête. Prêtez attention quelques instants à votre respiration, au fait que vous êtes ici et maintenant.

Imaginez ensuite qu'un double parfait de vous est assis sur la chaise en face de vous, avec un regard bienveillant. Ce double est la version idéale de vous-même. Il sait par quoi vous êtes passée, à quel point vous avez été forte pour lui permettre de devenir lui-même et vous remercie de ce que vous avez fait pour devenir ce qu'il est aujourd'hui.

Imaginez que vous vous levez et avancez vers votre double afin de vous asseoir à sa place en faisant corps avec lui.

Refaites un scanner mental de votre corps, des pieds à la tête. Prenez conscience de tout ce qui est en lui, remarquez sa tonicité, son allure, sa manière d'être et de se percevoir ainsi que sa confiance et sa sérénité.

Retournez mentalement à votre chaise et réintégrez votre corps avec toutes les expériences vécues avec votre double.

Intégrez ces changements qui vous propulseront vers un autre niveau de vous-même.

Je m'enracine pour ne faire qu'un avec mon corps

L'ancrage est une excellente technique pour celles qui pensent trop et qui ruminent leurs complexes : elle permet de se reconnecter au moment présent. On s'enracine dans le sol, dans l'ici et maintenant. Être ancré, c'est déplacer son attention de sa tête à ses pieds, sortir de ses pensées et prendre conscience des capacités de son corps dans son intégralité et de sa beauté. C'est donc être unie à son corps, l'accepter pleinement et en prendre soin.

La technique de l'ancrage permet de retrouver une sécurité intérieure, d'améliorer sa confiance en soi et de faire taire les pensées négatives et futiles. C'est une façon de remédier aux flux de pensées incontrôlables et parasitaires.

En pratique...

L'ancrage peut prendre la forme d'activités physiques : se promener, marcher ou courir permettent de s'ancrer dans l'instant présent. Méditer ou marcher en pleine conscience contribue à apaiser notre mental.

La musique, la danse, le yoga, le tai-chi, le qi gong sont autant d'activités artistiques et corporelles qui rééquilibrent nos énergies.

Les soins du corps comme les massages, la relaxation, les étirements contribuent également à nous ancrer en nous recentrant dans l'ici et maintenant.

La promenade en forêt ou en montagne, le jardinage, les baignades en mer favorisent l'enracinement. Toutes ces activités – notamment celles en contact avec la nature – ralentissent le rythme cardiaque et optimisent les fonctions immunitaires. Elles réduisent la fatigue et l'anxiété, améliorent grandement la qualité du sommeil. Outre les bienfaits physiques, elles favorisent un état de méditation qui permet de se recentrer sur soi.

La marche pieds nus permet de recharger ses batteries!

La Terre est en effet chargée en électrons absorbés par nos pieds. Selon le Pr Stephen Sinatra, cardiologue spécialiste de la médecine holistique (tenant compte des facteurs physiques, émotionnel, mental et spirituel), marcher pieds nus serait « comme prendre une poignée d'antioxydants » qui protégerait notre santé! Au Japon et à l'initiative de l'Agence des forêts japonaises, les bains de forêt (*shinrin yoku*) sont employés en tant que thérapie antistress. L'agence encourage la population à profiter des bienfaits qu'offre la reconnexion à la nature.

Mon challenge wellness : mon circuit yoga pour m'ancrer

Découvrez **5 postures de yoga** à pratiquer lorsque vous sentez que votre mental est en effervescence, parasité par des pensées dévalorisantes, que vous ressentez une certaine instabilité, que vous avez des difficultés à gérer vos émotions ou avez tendance à être un peu excessive (en mangeant trop, etc.).

Le premier centre énergétique – appelé « chakra » – est situé à la base de la colonne vertébrale, au niveau du coccyx et du périnée. En sanskrit, son nom signifie « racine, support ». C'est l'élément « terre », celui qui nous procure ancrage et stabilité. Toutes les postures de yoga présentées ici stimulent ce chakra.

La posture de l'arbre

C'est bon pour : le travail de l'équilibre et de l'enracinement.

Comment faire? Debout, les pieds écartés de la largeur du bassin, stabilisez votre regard sur un repère. Placez le poids du corps dans la jambe gauche et le pied droit sur la cheville gauche. Gardez le bassin de face et ouvrez le genou droit. Placez vos mains jointes sur la poitrine et repoussez le sol avec votre pied gauche. Allongez le sommet de votre crâne vers le plafond et gardez l'équilibre en contractant fessiers et abdos. Si vous êtes à l'aise, vous pouvez monter et appuyer fermement la plante du pied droit contre l'intérieur du genou gauche, puis ouvrir le genou droit sur le côté. On passe de l'enracinement à l'élévation.

Combien de temps? Maintenez la posture sur 5 à 10 respirations, puis relâchez-la en replaçant votre pied au sol.

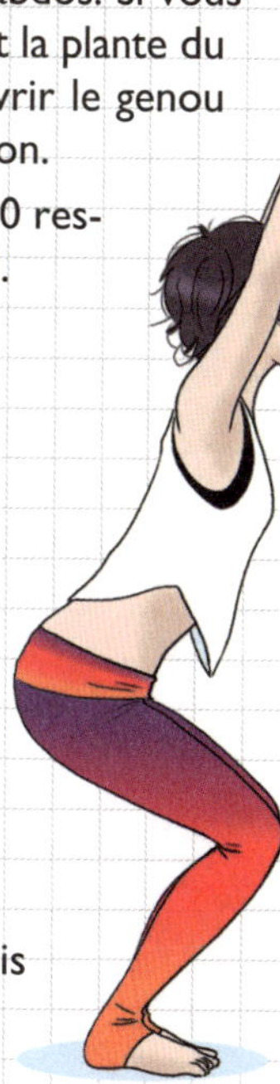

La posture de la chaise

C'est bon pour : le renforcement des chevilles et les muscles des jambes, le travail de l'ancrage au sol.

Comment faire? Debout, inspirez et tendez les bras vers le ciel, les paumes de mains se font face. Expirez et fléchissez vos genoux. Redressez votre buste, allongez votre colonne vertébrale et abaissez vos omoplates. Faites comme si vous vous asseyiez sur une chaise, les cuisses sont presque parallèles au sol.

Combien de temps? Maintenez la posture sur 5 à 10 respirations, puis relâchez-la : tendez les jambes et descendez les bras sur l'expiration.

La posture de la guirlande

C'est bon pour : le renforcement des chevilles et les lombaires, l'assouplissement des hanches, la stimulation du chakra racine.

Comment faire? Debout, pieds écartés de la largeur du bassin, orteils pointés vers l'extérieur. À l'expiration, accroupissez-vous en squat et joignez les mains à la poitrine.
Dans un deuxième temps, repoussez vos genoux avec vos coudes pour encourager l'ouverture des hanches.

Combien de temps? Maintenez la posture sur 5 à 10 respirations.
Si vos talons ne touchent pas le sol, placez-les sur une serviette enroulée dessous.

La posture de la pince

C'est bon pour : le renforcement du dos et l'étirement des ischio-jambiers.

Comment faire? Assise jambes tendues, inspirez en levant les bras vers le ciel et allongez votre colonne vertébrale. Sur l'expiration, contractez vos abdos et fléchissez le buste vers l'avant à partir des hanches (et non pas en arrondissant le dos). Placez vos mains où vous le pouvez (genoux, chevilles, pieds) en gardant le dos le plus droit possible. Sur chaque expiration, descendez le buste un peu plus.

Combien de temps? Maintenez la posture sur 5 à 10 respirations.

La posture de l'angle assis

C'est bon pour : l'ouverture de hanches, l'étirement des lombaires et des ischio-jambiers.

Comment faire? En position assise, écartez les jambes bien au-delà de la largeur de votre bassin en gardant genoux et pieds vers le ciel. Sur l'expiration, fléchissez le buste vers l'avant à partir des hanches, puis posez le bout des doigts devant vous sur le sol. Allongez la colonne et le buste, sans arrondir le dos.

Combien de temps? Maintenez la posture sur 5 à 10 respirations.

Témoignage d'Hermine, professeur de yoga et podcasteuse (@the_prune)

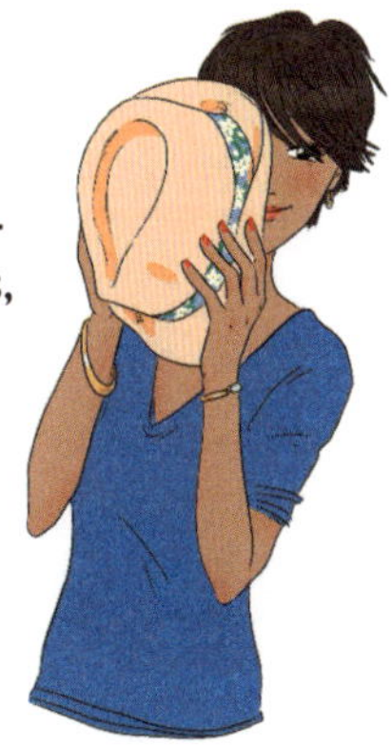

Dès l'adolescence, la quête du « corps parfait » commence...

« À partir du moment où mon corps de jeune fille s'est transformé en corps de femme et s'est doté de courbes voluptueuses, j'ai eu l'impression qu'il ne m'appartenait plus et qu'il n'était plus parfait tel qu'il était. A commencé alors une quête interminable et coûteuse (vêtements, maquillage, épilation…) pour répondre aux normes imposées par la société. De façon très insidieuse, j'ai fini par penser que les gens ne m'aimaient pas telle que j'étais. Je complexais sur tout : ma cellulite, mes vergetures, mes bourrelets, ma petite poitrine… »

Notre corps est un cadeau

« Il m'aura fallu plusieurs années pour prendre la réelle mesure de l'impact de tous ces messages très fourbes qui visent à nous déconnecter de notre force innée (intuition, créativité, énergie). J'ai aussi compris que j'avais la chance d'avoir un corps qui fait parfaitement son job chaque jour. Il est important de lui en être reconnaissant plutôt que de lui chercher des défauts esthétiques bidons. Ma découverte du yoga m'a permis d'en prendre conscience. Dès le premier cours, j'ai réalisé que j'étais capable de faire des trucs vraiment cool, des postures que je n'imaginais pas. J'ai immédiatement perçu la magie de la pratique qui créait la connexion entre mon corps et mon mental. »

Devenir la meilleure version de nous-même

« De cette connexion, j'ai ressenti un profond bien-être hautement addictif dont je n'ai plus jamais pu me passer. À chaque pratique de yoga, je découvre un peu plus les étonnantes capacités de mon corps qui retient les postures ainsi que les sensations associées. La respiration permet réellement de devenir plus souple, d'acquérir plus d'équilibre et de force, mais elle contribue aussi à nettoyer les blocages liés à des expériences passées ou les croyances erronées qui nous collent à la peau.

Mon conseil ? Ne vous mettez jamais la pression. Lorsqu'on se contraint à faire quelque chose, cela se solde souvent par un échec. Écoutez toujours votre intuition, elle connaît le chemin ! »

Chapitre 3

Je retrouve de l'énergie

Le Body Positive n'est pas qu'une question de poids ! Il s'agit surtout d'être pleine d'énergie au quotidien. Et cela commence par de petits réflexes bienveillants à adopter. Grâce à une alimentation positive, un corps en forme, une routine sportive adaptée, mais aussi grâce à un mental positif, on peut avoir confiance en soi et exprimer tout son potentiel.

Le sucre, l'ennemi du Body Positive

Teint brouillon, kilos en trop, coups de fatigue dans la journée, tremblements, irritabilité, envies irrépressibles de sucré, voici quelques-uns des signes qui révéleraient un penchant excessif pour le sucre. Et ça, c'est vraiment anti-Body Positive. Que vous soyez heureuse ou triste, vous êtes attirée par les biscuits, les viennoiseries, le chocolat, vous mangez sans faim et sans savoir pourquoi ? Vous avez jeté l'éponge en pensant que c'est ainsi et que vous n'y pouvez rien ? Ne culpabilisez plus, c'est loin d'être votre faute ! Il existe plusieurs facteurs scientifiques et psychologiques qui justifient notre addiction au sucre et sur lesquels il est possible d'agir en douceur pour réguler ses fringales.

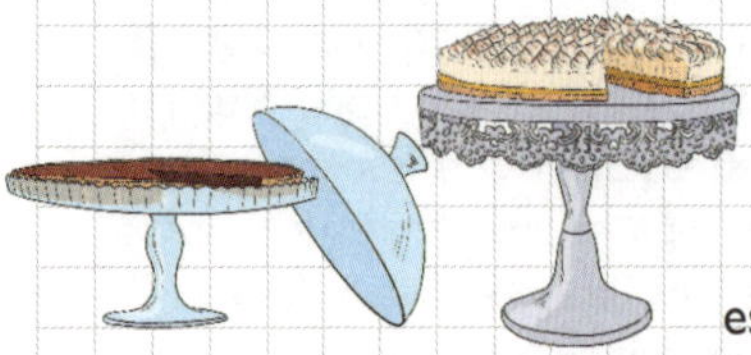

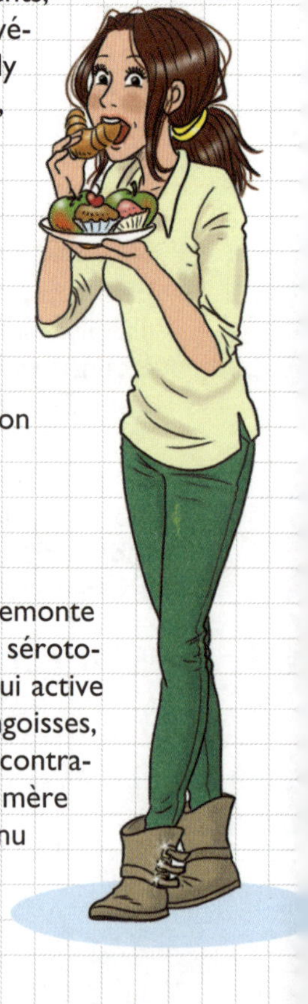

❀ **Mantra** : « Ton corps entend ce que ton esprit pense. Reste positive. »

Le sucre, cet aliment-doudou

Depuis notre enfance, le sucre est associé au réconfort. Rassurant, il nous remonte le moral, apaise les états d'anxiété et de tristesse en favorisant la sécrétion de sérotonine, un messager chimique du système nerveux qui influe sur l'humeur et qui active les circuits cérébraux du plaisir et de la récompense. Si manger apaise nos angoisses, comble l'ennui, la solitude ou nous fait momentanément oublier nos petites contrariétés, c'est avant tout lié au fait que le premier lien affectif entre le bébé et sa mère se tisse autour de l'acte nourricier. En grandissant, nous avons également connu la petite douceur qui venait réconforter nos chagrins ou nous récompenser d'une bonne action. Adulte, il est possible que répondre à ses émotions avec ces aliments-doudous soit devenu un réflexe.

Dopamine et dépendance

Manger des produits sucrés augmente notre taux de dopamine, un neurotransmetteur qui influe sur nos comportements (notamment les envies). Les biscuits au chocolat activent ainsi notre cerveau sans même que nous ayons véritablement faim. L'environnement peut également déclencher des signaux. Nous marchons dans la rue et nous pensons soudainement à une tarte au chocolat parce que nous sommes déjà entrées dans une des boutiques qui vendait des tartes au chocolat. Ainsi, une expérience ancienne, qui est réactivée, provoque une excitation stimulant notre mémoire fonctionnelle. La simple pensée de cette tarte a émoustillé nos papilles et réveillé une envie de sucré.

Le sucre est partout

Puisque nous sommes accoutumées au sucre depuis notre enfance, il s'avère normal que nous ayons des compulsions sucrées. À cela s'ajoute l'omniprésence du sucre : celui-ci est partout, et surtout caché. Du miel par-ci, un carré de chocolat par-là, la baguette du sandwich à midi (aussi remplie de glucides ou sucres rapides), un biscuit à quatre heures. À la fin de la journée, notre compteur de sucre s'affole et cela se répercute sur la balance mais aussi sur notre état de forme générale : mauvaise digestion, teint brouillé et petits boutons, hyper-émotivité, irritabilité, baisse d'énergie. Si ces petites douceurs nous calent ou nous réconfortent sur le moment, les glucides entraînent une cascade de réactions qui impactent négativement tous les paramètres de notre bien-être et de notre santé.

Accros et pour cause...

Sans même céder aux sucreries, consommer des sodas, ni sucrer notre café, il reste pourtant beaucoup d'aliments de grande consommation qui contiennent des sucres sans qu'on puisse même le soupçonner : les yaourts aromatisés, les jus de fruits, les céréales du petit déjeuner, mais aussi les aliments salés tels que la sauce vinaigrette, la sauce tomate, le pain, le riz des sushis, la charcuterie, les crudités préparées (carottes râpées, taboulé). Saviez-vous qu'une part de pizza royale contient l'équivalent de 3 morceaux de sucre (pâte et sauce tomate sucrée) ? L'ajout de sucre serait un moyen de pousser le consommateur à l'achat. C'est l'ingrédient clé pour provoquer le plaisir et nous rendre accros.

Dealer de sucre

Jetez un œil au compte Instagram @dealerdesucre qui propose de visualiser la quantité de sucre présente dans les aliments et les boissons de grande consommation avec de simples morceaux de sucre. Un cheeseburger renferme l'équivalent de 2,5 morceaux quand une crème dessert en renferme 4.

Je fais le tri et je choisis les bons sucres

Inutile de culpabiliser si vous pensez avoir besoin d'aliments sucrés, l'addiction est normale et vous pouvez dès à présent en prendre conscience pour y remédier et adopter de meilleurs réflexes pour votre santé et votre bien-être. Lassée des montagnes russes de votre glycémie, de votre hyper-réactivité et des variations de poids ? Misez sur les bons sucres pour retrouver l'équilibre et améliorer votre bien-être sans faire l'impasse sur quelques petites douceurs !

Pourquoi maîtriser l'index glycémique ?

L'index glycémique (IG) d'un aliment donne une indication sur sa capacité à élever la glycémie, c'est-à-dire le taux de glucose dans le sang. Plus son IG est élevé, plus il augmente brutalement la glycémie. L'équilibre glycémique est primordial pour notre bien-être.

Pourquoi j'ai des envies irrépressibles de sucre ?

L'explication de Charles Brumauld, spécialiste de la nutrition

1. Vous prenez une tartine de pain blanc avec de la confiture = du sucre (les glucides du pain) + du sucre (le sucre blanc raffiné contenu dans la confiture + le fructose des fruits). Quelques minutes après, votre glycémie grimpe en flèche.
2. Les capteurs sensoriels sur le bout de la langue, reliés au « centre de récompense », vont envoyer un message de « plaisir » au cerveau, lequel va sécréter de la sérotonine, une hormone impliquée dans la sensation de bien-être.
3. Les capteurs envoient un autre message, au pancréas cette fois : « Peux-tu sécréter de l'insuline ? J'ai une dose de sucre massive qui arrive ! » Le pancréas fait le job et envoie la bonne dose pour réguler ce taux de sucre qui a monté trop rapidement.
4. Le taux de sucre redescend. Tout va bien. Ou presque, puisque vous ressentez un coup de fatigue, un besoin d'énergie rapide. Conséquence : vous avez une méchante envie de sucré, là, tout de suite, sinon vous devenez très irritable. En effet, votre cerveau, qui consomme beaucoup de glucose (pour trier les infos, envoyer des messages, rêver) panique et réclame une nouvelle fois sa dose de sucre.
5. Résultat : vous consommez à nouveau du sucre ! C'est ce qu'on appelle l'« hypoglycémie réactionnelle ». En réaction à ce manque de sucre, vous ressentez une pulsion très forte pour n'importe quel aliment sucré se trouvant à proximité.

Je mise sur les IG bas pour échapper aux effets addictifs des sucres raffinés

En optant pour des aliments à indice glycémique bas, on permet à son corps de bénéficier d'une énergie diffuse tout au long de la journée, sans pic de glycémie ni hypoglycémie réactionnelle, donc sans montagnes russes !

Tableau des aliments à IG hauts et bas à retrouver sur :
https://www.lanutrition.fr/bien-dans-son-assiette/le-potentiel-sante-des-aliments/index-et-charge-glycemiques/tableau-des-index-glycemiques

Les tips IG bas de Charles Brumauld, spécialiste en nutrition

Que faire si vous ne jurez que par les « vraies » pâtes, à savoir des pâtes blanches ? Pas de problème, il suffit de :

- ajouter une protéine (qui ne contient pas de glucides, donc IG 0) : blanc de poulet, œuf mollet, anchois, tofu, seitan ;
- accompagner les protéines d'un légume (les fibres diminuent l'IG) : poivron, aubergine, tomate, fenouil…
- incorporer un corps gras de bonne qualité (les graisses diminuent l'IG) : un filet d'huile d'olive ou de colza, des oléagineux…
- veiller au temps de cuisson : les pâtes doivent être toujours *al dente* plutôt que « bien cuites », ce qui augmente leur IG.

Je traque les sucres cachés

Plutôt que de supprimer brutalement le sucre au risque de vous sentir frustrée et de replonger aussitôt dans votre addiction, procédez progressivement. Remplacez les produits industriels par des plats faits maison. Évitez les faux amis tels que le pain de mie, les sauces tomate, les biscuits bio, les galettes de riz qui renferment des sucres cachés ou, malgré leur goût salé, sont des glucides. Et comptez 2 semaines pour vous déshabituer.

J'évite		Je switche pour
La confiture sur du pain blanc	→	Du beurre, de l'avocat, du fromage frais sur du pain complet
Le bol de krounchy (müesli doré et croquant) et les céréales du petit déjeuner	→	Un porridge, un granola fait maison (voir recette p. 94)
Les sodas, jus de fruits et smoothies industriels	→	Un thé, une tisane ou de l'eau avec des fruits infusés ou des fruits frais
Le dessert sucré au dîner	→	Un morceau de fromage maigre (cancoillotte, chèvre) ou un carré de chocolat noir
Le sucre blanc en pâtisserie	→	De la compote sans sucre ajouté, de la poudre d'amandes, de la cannelle, du sucre de coco, les sucres rapadura et muscovado (sucres complets)
Le sucre dans le café, la tisane ou le thé	→	Du cacao en poudre, une gousse de vanille, un carré de chocolat noir pour *pimper* sa boisson

Je choisis les bons sucres

Saccharose, fructose, sirop de glucose, isoglucose, dextrose, maltose, dextrine et maltodextrine sont autant de sucres que l'on peut retrouver dans les produits de grande consommation. Du miel au sucre de coco, il existe de nos jours de nombreuses alternatives naturelles au sucre raffiné pour satisfaire son penchant pour les douceurs sucrées et préserver sa santé.

- **Le sucre de coco :** contrairement au sucre blanc, il contient des vitamines et des minéraux, notamment des molécules antioxydantes.
- **Le xylitol** : issu de la sève du bouleau, c'est un édulcorant à l'IG extrêmement faible et sans calorie.
- **Le rapadura** : c'est un sucre de canne complet issu du commerce équitable qui contient minéraux, vitamines et acides aminés.
- **Le miel :** on profite de ses vitamines et minéraux ainsi que de ses vertus anti-inflammatoires, cicatrisantes et antibactériennes.
- **Le sirop d'érable** : son indice glycémique est plus bas que celui du sirop d'agave, on profite également de ses vitamines et minéraux.

Le sucre anesthésie les émotions négatives

Émotions et compulsions alimentaires

Si l'on sait que le sucre n'est pas bon pour la santé, ce que l'on sait moins, c'est qu'il nous trompe : il anesthésie momentanément nos émotions. Le stress provoque une synthèse de corticoïdes par le corps qui entraînent un hyperinsulinisme. Celui-ci génère une sensation de faim et l'envie de sucre. Certains aliments tels que le chocolat, les biscuits et gâteaux sucrés provoquent la libération d'endomorphine, hormone du plaisir. Nous consommons donc ces produits sucrés afin de transformer une émotion négative en sensation de bien-être et de plaisir. Sauf que cette nourriture procure malheureusement un plaisir ponctuel et transitoire, loin du bien-être tel que le conçoit le Body Positive. Bien vite, s'ajoutent aux émotions négatives un sentiment de culpabilité et une baisse de l'estime de soi. Encore plus anti-Bo Po!

Gestion du stress et dépendance au sucre

Par ailleurs, «*la nourriture peut être au service de l'évitement expérientiel*», explique Florian Saffer, diététicien-nutritionniste spécialiste de la diététique comportementale. Il s'agit là de la volonté d'éviter les expériences émotionnelles jugées négatives. «*Pour s'en convaincre, il suffit de fermer les yeux et se rappeler un souvenir douloureux. Cette expérience va activer un ressenti inconfortable. Posez ensuite un peu de sucre sur la langue et observez vos ressentis. Les émotions négatives sont immédiatement réduites, voire totalement anesthésiées.»* Notre cerveau enregistre le fait que manger du sucre nous apaise et nos automatismes nous conduisent à reproduire ce comportement en période de stress ou d'émotions douloureuses. Mais étouffer nos émotions est une solution éphémère et totalement inefficace ! Puisque, en plus de revenir avec l'envie de manger sucré, elles augmentent le ressenti douloureux. Plus on contrôle son anxiété via le sucre, plus on va ressentir cette anxiété et plus on mangera. «*L'une des pistes thérapeutiques pour sortir de cette dépendance à la nourriture est d'apprendre à mieux tolérer ses émotions, à mieux les accueillir*», explique l'expert.

Comment gérer ses envies sucrées ?

Pour éviter de répondre à ses émotions par le sucre, il faut déterminer ce qui est à l'origine de nos compulsions. Plutôt que de penser que vous avez faim ou que vous avez envie de manger sucré, essayez de décrypter ce que vous ressentez à ce moment-là : l'ennui, le besoin de faire une pause, la peur d'être seule, le besoin de réconfort. Et, plutôt que de manger, tentez de répondre à ces émotions en agissant directement dessus. Vous êtes stressée ? Faites une activité qui vous détend (des exercices de respiration, de la méditation, du coloriage de mandalas). Vous vous sentez seule ? Appelez une copine ou sortez avec des amis. Entourez-vous de personnes joyeuses qui véhiculent un sentiment de bien-être.

En essayant de prendre du recul face aux événements, de mobiliser votre esprit par des activités qui vous plaisent et vous valorisent, en renforçant votre moi intérieur, vous aurez moins besoin de dissimuler vos émotions négatives sous la nourriture. N'oubliez pas que vous avez aussi une âme qui, comme le corps, a besoin de nourriture, mais spirituelle.
Adoptez une attitude constructive afin de développer une relation bienveillante à vous-même dans laquelle vous acceptez vos imperfections et surtout le fait de ne pas réussir à suivre parfaitement une alimentation saine. Cette relation à soi devrait être fondée sur la douceur en cas de difficultés. Restez douce envers vous-même et choisissez en toute conscience les plaisirs que vous vous accordez sans culpabilité !

La méditation anti-grignotage

La pleine conscience est un exercice de méditation qui consiste à se recentrer sur le moment présent et ses émotions. Généralement utilisée pour se libérer du stress, elle aide à mieux gérer ses fringales. En sortant de ses automatismes et en se concentrant sur le ressenti et le plaisir gustatif, on repère ainsi la sensation de satiété. Cet exercice peut se pratiquer avec n'importe quel aliment, un fruit ou un carré de chocolat.

Dans un premier temps, faites le vide dans votre tête et redécouvrez l'aliment comme si c'était la première fois que vous le voyiez. Observez-le, touchez-le, sentez-le.

Puis, portez l'aliment à vos lèvres et prêtez attention, avec votre langue et vos dents, à sa texture (fondante, lisse, rugueuse) qui évolue au contact de votre bouche.

Enfin, concentrez-vous sur son goût (sucré, salé, acide, amer). Essayez de repérer le maximum de sensations à chaque petite bouchée. Dès lors, en prenant votre temps, vous prenez du plaisir et vous vous contentez de manger à votre faim.

Mon challenge food : ma semaine sugar détox et body positive

Je diminue ma consommation de sucre pour retrouver de l'énergie, limiter les coups de fatigue et les variations d'humeur. En réduisant le sucre, on se remplit de bien d'autres aliments aux multiples bienfaits.

Je réhabilite les bonnes graisses. Longtemps décriées, elles contribuent pourtant au bon fonctionnement des cellules, notamment celles du cerveau (poisson gras, huiles d'olive et de colza, noix, avocat).

Je mise sur des protéines digestes (poisson, tofu, œufs). Les lipides et protéines de qualité composent des repas rassasiants qui permettent de limiter les fringales, et donc le grignotage d'aliments sucrés.

1 semaine sans sucre et sans frustration !

Grâce à cette semaine sans sucre composée par notre expert en nutrition, Charles Brumauld, vous allez gagner en énergie, en légèreté et en mieux-être. Cette semaine est donnée à titre indicatif, vous pouvez la moduler ou l'adapter à votre convenance selon vos impératifs, vos envies et vos goûts. Elle présente les grands principes d'une alimentation plus détachée de notre consommation habituelle de sucre.

Et si vous craquez? N'oubliez pas de rester bienveillante à votre égard et considérez cet écart non pas comme un dérapage, mais comme un vrai plaisir que vous vous accordez.

	LUNDI	MARDI	MERCREDI Veggie	JEUDI	VENDREDI Veggie	SAMEDI	DIMANCHE
Déjeuner	Aiguillettes de poulet à la poêle Riz sauvage et pointes d'asperges	Harengs fumés sur lit de mâche et pommes de terre vapeur	Tagliatelles de soba aux courgettes et pesto maison + parmesan en copeaux	Pavé de saumon citronné Écrasé de courgettes au cumin et riz (semi) complet	Chili sin carne	Omelette épicée (ail des ours et/ou curry) Salade d'endives, noix, comté et pomme granny	Poisson en papillote + fenouil et tomates à la provençale

	LUNDI	MARDI	MERCREDI Veggie	JEUDI	VENDREDI Veggie	SAMEDI	DIMANCHE
Dîner	Salade de haricots verts et lentilles corail, anchois, œuf mollet	Trio de quinoa, dés de butternut à la vapeur + 30 g de fromage de chèvre frais	Carottes fraîches et houmous maison + falafels au four Yaourt au lait de brebis	Tofu poêlé + boulgour menthe, citron, huile d'olive Aubergines poêlées à l'ail	Dahl/biryani	Hamburger maison + frites de patate douce (filet d'huile et au four) + cœurs de sucrine	Avocado toast : pain de mie complet, salade Soupe de lentilles coco-curry

En rose : les repas veggie
En bleu : le cheatmeal (repas plaisir ponctuel qui évite de craquer !)

3 recettes healthy

Par Charles Brumauld, spécialiste en nutrition.

Pesto maison

Préparation

Broyez au mixeur 2 gousses d'ail + ½ botte de basilic + 1 petite poignée de pignons de pin et 30 g de pecorino + sel et poivre du moulin.

Chili sin carne (pour 2 personnes)

Ingrédients

200 g de haricots rouges, 2 oignons, 1 carotte, ½ poivron rouge, ½ c. à c. de cumin en poudre, ½ c. à c. de piment de Cayenne, ½ c. à c. de coriandre, 1 grosse gousse d'ail, 1 boîte de 400 g de tomates pelées, 1 petite boîte de maïs bio, 150 g de tofu nature, huile d'olive.

Préparation

Faites revenir les oignons émincés dans de l'huile d'olive 2 à 3 min. Ajoutez la carotte émincée et le demi-poivron épépiné et émincé. Salez et poursuivez la cuisson 5 min. Intégrez les épices, l'ail détaillé, puis les haricots rouges rincés, les tomates pelées. Laissez mijoter 30 min. Ajoutez enfin la boîte de maïs et le tofu. Laissez à nouveau mijoter 30 à 45 min.

Dahl/biryani (pour 2 personnes)

Ingrédients

60 g de lentilles corail (poids cru), 90 g de riz blanc (poids cru), 1 oignon, 1 petit morceau de racine de gingembre, 2 grosses tomates (ou 1 petite boîte de tomates pelées), 1 bâton de cannelle, 2 clous de girofle, 1 c. à c. de curry en poudre, 1 c. à c. de pâte de curry vert (ou rouge si vous préférez), 1 c. à c. de garam masala, 1 c. à c. d'huile d'olive, 20 cl de lait de coco, quelques brins de coriandre fraîche.

Préparation

Épluchez l'oignon, ciselez l'oignon et le gingembre et détaillez les tomates. Faites revenir au wok dans l'huile d'olive l'oignon et les épices. Rincez les lentilles corail, puis ajoutez-les dans le wok avec 3 verres d'eau et le lait de coco. Après 5 min de cuisson, intégrez le riz avec les tomates, ajustez avec la quantité d'eau nécessaire pour finir la cuisson. Salez en fin de cuisson, parsemez de feuilles de coriandre fraîche.

Je me sculpte un corps que j'aime

Je change mon regard sur moi

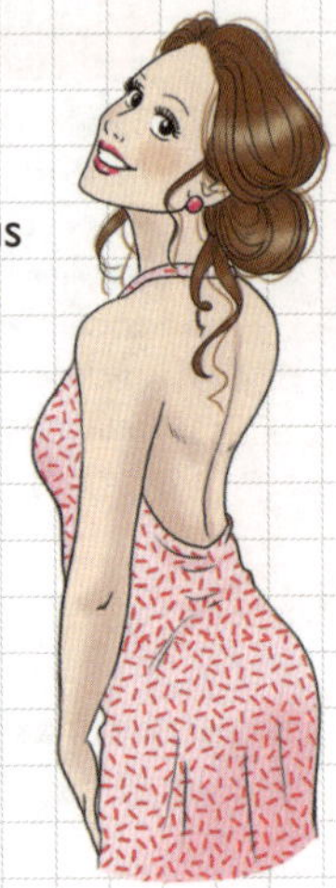

Alors que le sport nous aide à apprivoiser notre corps, à nous sentir plus forte et à apprécier ce dont on est capable de faire, les salles de fitness et les magazines nous imposent d'avoir un « beach body ». Pourtant, on peut acquérir bien plus de bénéfices bien-être en s'entraînant, sans pression d'objectifs comme celui de perdre du poids ou sculpter sa silhouette ! S'entraîner pour retrouver de l'énergie, de la légèreté, de la tonicité, de la détente est tout aussi gratifiant ! Cette approche fait appel à la fameuse pleine conscience : nos objectifs sont motivés par des raisons importantes comme la santé et l'humeur et non plus par des raisons externes liées à des tendances esthétiques. Transformer et prendre ainsi soin de son corps est aussi une des façons de s'aimer.

Ma routine sportive, le début de mon bonheur

Sport = bien-être et plaisir… c'est prouvé !

Outre ses bienfaits physiques et esthétiques indéniables, le sport procure un bien-être général grâce à la sécrétion d'endorphines, les fameuses « hormones du bonheur ». Ces « opiacées naturelles » sont un groupe de neurotransmetteurs dont la structure ressemble fortement à celle de la morphine et ont une action antidouleur. Elles génèrent une sensation de plaisir, voire d'euphorie, chassent le stress et font disparaître les coups de blues. On se sent ainsi heureuse et apaisée. Voilà une des raisons pour lesquelles les sportives rayonnent et se sentent bien dans leur peau ! Et il arrive souvent qu'à force de pratiquer, on ne puisse plus s'en passer !

D'autres réactions chimiques entrent également en jeu. Lorsque les muscles se contractent, le taux de sérotonine – neurotransmetteur qui intervient notamment dans la régulation du stress – augmente. Il agit ainsi comme **un antidépresseur naturel** sur le système nerveux. La dopamine est aussi sécrétée lors de l'activité physique, elle est l'hormone du plaisir et de la vigilance. Grâce à elle, on se sent moins fatiguée et plus productive. Enfin, l'adrénaline et la noradrénaline sont présentées comme des hormones du stress, mais elles motivent aussi toutes les actions physiques et nous poussent à nous lancer ! Voilà de quoi se sentir bien après une séance de sport mais aussi au quotidien.

Je définis mes objectifs selon mes émotions

Au lieu de définir des objectifs en termes quantitatifs (par exemple : perdre 3 kg), et si on essayait de définir des objectifs en fonction des émotions que l'on souhaite ressentir ? Demandez-vous comment vous souhaitez vous sentir dans 1, 2 ou 3 mois ? Plus en forme, moins fatiguée, plus énergique, plus tonique, plus souple, plus forte ? Vous serez surprise de voir comme il est plus satisfaisant d'établir ses objectifs ainsi !

Dans 2 semaines	Dans 1 mois	Dans 3 mois

Témoignage de Lisa, prof de fitness et créatrice d'Happy Fit, un concept pour acquérir la confiance en soi par le sport (@happy.fit_)

J'ai toujours été ronde…

« Quand j'étais ado, les enseignants avaient toujours une remarque à faire sur mon physique. On me disait constamment qu'il fallait faire du sport pour maigrir, j'ai vraiment grandi avec l'idée que mincir était une fin en soi et que le sport ne me servirait qu'à ça. J'ai eu du mal à lâcher prise sur l'acceptation des autres à l'égard de mon physique. »

Je fais équipe avec mon corps

« Quand j'étais étudiante, le sport était ma seule échappatoire, le moyen pour moi de reprendre possession de mon corps, mentalement et physiquement. J'ai commencé à prendre confiance en moi quand j'ai compris que mon corps n'était pas un obstacle. Il m'a permis de franchir des barrières comme me mettre en débardeur, en legging moulant, parler avec des coachs… Aujourd'hui, grâce au sport, je n'ai plus de complexes, je sais qui je suis et j'aime mon corps tel qu'il est. Le sport m'a reconnectée avec moi-même. »

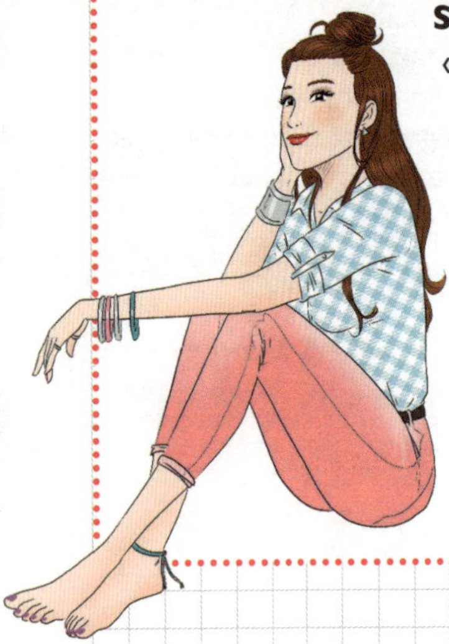

S'aimer et faire du sport

« Mon secret pour se sentir bien dans son corps ? Se connaître avant de s'aimer, à l'intérieur comme à l'extérieur. On ne peut pas s'aimer sans savoir réellement qui on est. C'est ce que j'enseigne à travers mon concept Happy Fit. Que ce soit à travers un cours de sport ou un atelier, ces deux chemins mènent à être "soi m'aime". Le travail d'acceptation commence durant le cours de sport mais se poursuit en dehors. Rendre le sport fun, aimer transpirer, prendre possession de son corps, lâcher prise, partager des bons moments, faire du sport dans une ambiance bienveillante et décomplexée, avoir des outils pour acquérir la confiance en soi, voilà tout ce que transmet le concept Happy Fit. »

Les applis pour m'entraîner à la maison

Grâce aux applis de sport, on se donne rendez-vous avec soi-même. Une à plusieurs fois par semaine, on se fait du bien en changeant ses habitudes, en testant de nouveaux exercices, de nouvelles intensités, en se challengeant. On booste ainsi son mental, on teste ses capacités physiques et on devient plus forte !

Mon appli fitness : FizzUp®

Ce coach virtuel nous permet de suivre un programme fitness personnalisé en nous guidant, en adaptant notre entraînement à notre niveau et nos objectifs. Au programme : cardio, musculation, abdos, stretching et tests d'évaluation afin d'apprécier notre progression.

Le truc en plus : sans matériel, les entraînements ne durent pas plus de 30 minutes. Plus d'excuses pour ne pas s'y mettre !

Mon appli yoga : Yoga Connect®

Plus besoin de courir pour se rendre à son cours, on lance l'appli Yoga Connect. Véritable studio de yoga, on suit des cours en ligne où et quand on veut en illimité. On pratique nos disciplines préférées (hatha, vinyasa, yin yoga), on choisit la durée de sa séance (de 15 à 90 min) et ses objectifs (relaxation, renforcement musculaire, détox).

Le truc en plus : c'est un véritable coach virtuel holistique qui nous accompagne au quotidien.

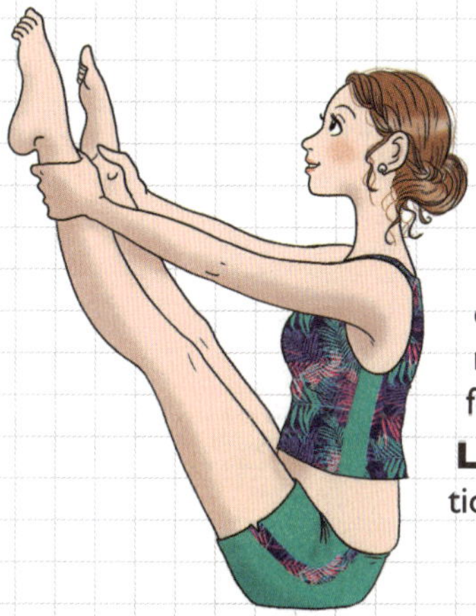

Mon appli Pilates : Pilates fondamental®

Cette appli propose des cours complets pour un renforcement musculaire en profondeur. Grâce à des conseils et des explications détaillés, on réalise des mouvements doux mais efficaces ! Travail de la sangle abdominale, du dos, des fessiers, il y a de quoi faire !

Le truc en plus : on profite de vidéos d'1 heure pour pratiquer en toute sérénité.

Mon appli happy : Objectif Super Nana

Il suffit d'avoir sur son smartphone l'appli Messenger pour recevoir, chaque jour, les messages de Justine Andanson, la créatrice du programme et fondatrice du site Trucsdenana.com. On bouge son corps et on relaxe son esprit au quotidien avec des routines d'exercices en vidéo.

Le truc en plus : de la méditation et des astuces pour adopter une vie plus saine et happy.

Mes trainings body positive

Mon planning hebdo

Voici un planning sur 2 semaines, **tonique** mais surtout **doux et bienveillant**. Les séances de sport ne vous prendront en général **pas plus de 30 minutes** et sont donc faciles à caser dans votre emploi du temps. Ce planning vous est indiqué pour vous donner de l'énergie

et vous aider à prendre conscience de ce dont votre corps est capable. Soyez happy quand vous vous entraînez, vous vous faites du bien ! À vos marques, challengez-vous, pour le plaisir !

	Lundi	Mardi	Mercredi	Jeudi	Vendredi	Samedi	Dimanche
Semaine 1	*Running flash (30 min) (voir p. 38)*	Circuit Pilates	*Récup' marche active 30 min*	Challenge energy 4 circuits *(voir p. 40)*	*Récup' marche active 30 min*	*Circuit yoga (voir p. 47)*	*Récup' marche active 30 min*
Semaine 2	*Récup' marche active 30 min*	Challenge energy 5 circuits *(voir p. 40)*	*Récup' marche active 30 min*	Circuit abdos feel good + circuit yoga *(voir p. 38 et 47)*	*Running flash (30 min) (voir p. 38)*	*Récup' marche active 30 min*	*Circuit Pilates*

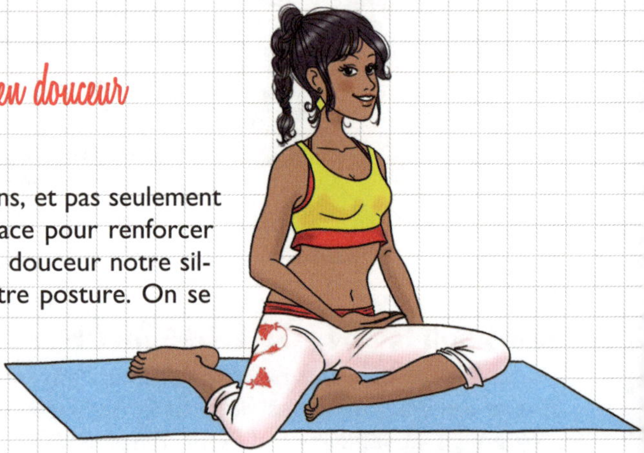

Mon challenge move : je me sculpte en douceur avec le Pilates

On peut se challenger de différentes façons, et pas seulement dans l'intensité et la rapidité. Hyper efficace pour renforcer la sangle abdominale, le Pilates sculpte en douceur notre silhouette dans sa globalité et améliore notre posture. On se tient droite, on embellit notre allure et cela améliore inconsciemment la confiance en soi.

Le secret du Pilates ? Des mouvements doux et précis

Ils sont fondés sur la maîtrise du corps et de la respiration, effectués en pleine conscience. Grâce à la méthode Pilates, on travaille chaque mouvement de façon précise et contrôlée. Malgré son apparente douceur, le Pilates requiert la maîtrise de la force, de l'endurance et de la concentration. C'est une discipline très complémentaire des sports d'endurance, qui permet de renforcer son corps en profondeur et d'éviter les blessures.

Les 6 grands principes de la méthode Pilates

- Le centrage (mouvement venant du centre du corps)
- La respiration
- La concentration
- Le contrôle
- La précision
- La fluidité

Mon circuit soft Pilates

Voici 5 exercices simples et efficaces de Pilates qui vont renforcer et allonger les muscles profonds de votre corps, tonifier votre silhouette, développer votre mobilité et améliorer votre respiration.

Cette **séance d'entraînement de 30 min** cible tous les groupes musculaires en douceur : haut et bas du corps, et surtout les abdominaux. Testez ce circuit pour vous challenger ! Les exercices ne nécessitent pas de matériel particulier et peuvent être réalisés n'importe où.

En pratique : enchaînez les exercices en maintenant les postures pendant 30 s. Entre chaque circuit, accordez-vous une pause d'1 à 2 min. Et **réalisez le circuit 3 à 5 fois.**

Le roll up

C'est bon pour : la posture et le dos.

Comment faire ? Allongée sur le sol, jambes écartées largeur de bassin, abdominaux contractés, pieds flexes. En gardant le dos bien droit, tendez vos bras vers le ciel et enroulez la tête (menton vers la poitrine), puis les omoplates et le dos jusqu'à venir vous asseoir. Contractez vos fessiers et amenez les mains le plus loin possible vers l'avant en vous étirant. Si besoin, aidez-vous en fléchissant une jambe et attrapez l'arrière de la jambe pour remonter en position assise. Revenez en position allongée. Répétez l'exercice 3 fois.

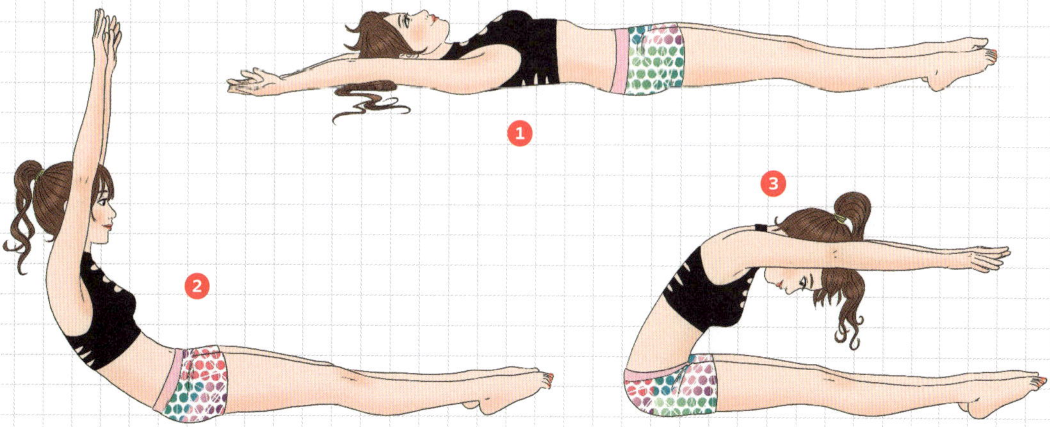

Les ciseaux

C'est bon pour : les cuisses et les abdos.

Comment faire ? Allongée sur le dos, jambes à 90°. Attrapez le genou droit et amenez la jambe vers votre buste entre vos mains, l'autre jambe tendue descend vers le sol. Les épaules sont décollées du sol. Relâchez et recommencez l'exercice avec l'autre jambe. Répétez l'exercice 5 fois de chaque côté.

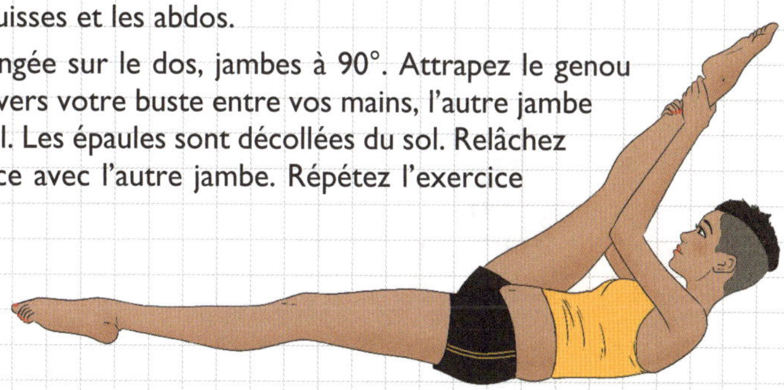

One leg stretch

C'est bon pour : la sangle abdominale.

Comment faire? Allongée au sol, attrapez un genou en arrondissant le dos. Inspirez et tendez simultanément les bras vers l'arrière et les jambes vers l'avant, sans cambrer le dos et en contractant les abdominaux. Répétez l'exercice 5 fois de chaque côté, puis revenez en attrapant vos deux genoux.

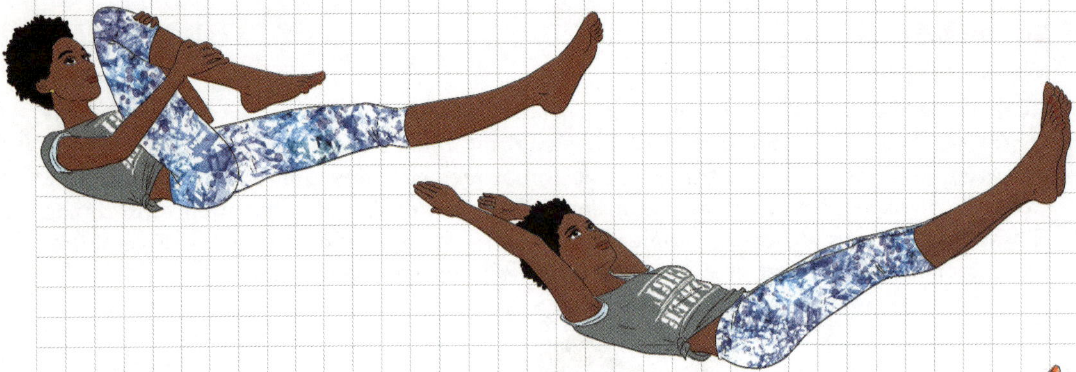

La centaine

C'est bon pour : le cardio et les abdos.

Comment faire? Allongez-vous sur le dos, puis enroulez la tête, menton vers la poitrine. Fléchissez vos jambes à 90°. Tendez les bras et placez vos paumes de main vers le sol. Inspirez profondément 5 fois, puis expirez profondément 5 fois tout en abaissant et en remontant vos bras par petits mouvements rapides. Relâchez et répétez l'exercice 5 fois.

Le pont sur une jambe

C'est bon pour : les fessiers.

Comment faire? Allongée sur le dos, les genoux fléchis et les bras le long du corps. Décollez les fessiers du sol et poussez le bassin vers le plafond en contractant les fessiers et les abdominaux. Levez une jambe vers le plafond en gardant le genou fléchi à 90°. Tenez la posture pendant 30 s.

Je relie mon corps à mon esprit

❀ **Mantra** : « Il ne faut pas attendre d'être parfait pour commencer quelque chose de bien. » abbé Pierre

Les réseaux sociaux et moi…

Les travaux d'André Gunthert (conférencier en histoire visuelle et sociologie), portant sur l'image de soi sur les réseaux sociaux, révèlent que notre image se construit en relation avec les autres. On s'expose sur les réseaux sociaux parce qu'on attend de la reconnaissance de la part des autres.

3 bonnes raisons de maîtriser sa consommation des réseaux sociaux

Vous perdez du temps : d'après une étude de chercheurs suédois, les femmes passeraient en moyenne 81 minutes par jour sur Facebook.

Vous vous comparez : vous en avez beaucoup, vous, des amis qui postent des photos de leur mine de troll au réveil ? Sur les réseaux, on ne montre et ne raconte que le meilleur. Sauf que des chercheurs de l'université de Darmstadt (Allemagne) ont démontré qu'être exposé au bonheur des autres rendait jaloux, malheureux et isolé.

Vous prenez du poids : des chercheurs américains ont prouvé que les personnes qui utilisent Facebook pour interagir avec leurs proches voient leur amour-propre renforcé, sauf que ce booster d'ego s'accompagnerait d'une prise de poids. Ces personnes auraient un faible contrôle d'elles-mêmes et seraient plus susceptibles de grignoter des aliments gras une fois déconnectées.

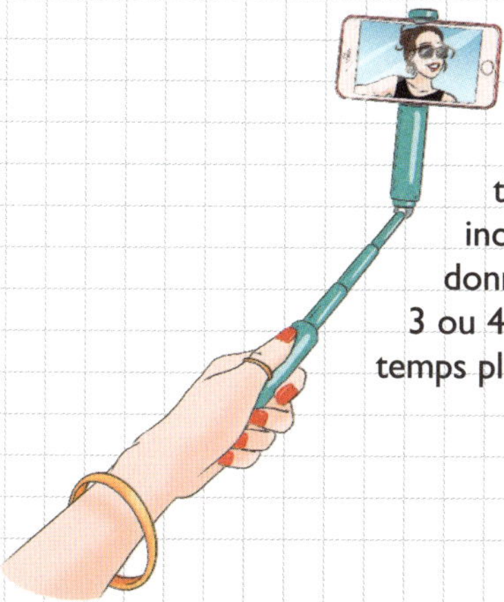

Faites le tri !

Restez en contact avec vos amis qui vous procurent du bien-être et supprimez les comptes qui engendrent frustrations et agacements. Maîtrisez les connexions intempestives et incontrôlées, choisissez de vous connecter un nombre de fois donné. Par exemple, limitez votre consommation des réseaux à 3 ou 4 fois par jour et profitez de ceux avec qui vous partager votre temps plutôt que d'être sur votre smartphone.

Je me déconnecte : relax with art

Dans nos sociétés, tout rime avec accélération et immédiateté, y compris notre corps et notre esprit : on veut perdre du poids rapidement, suivre les dernières tendances qui se démodent immédiatement, poster continuellement la story de sa journée sur Instagram. On se déconnecte alors souvent du moment présent et de son corps. Se tourner vers une certaine créativité, en prenant le temps de la réflexion, permet de connecter davantage son corps à son esprit. Autorisez-vous donc un peu de créativité avec ces outils du bonheur !

Mon cahier antistress

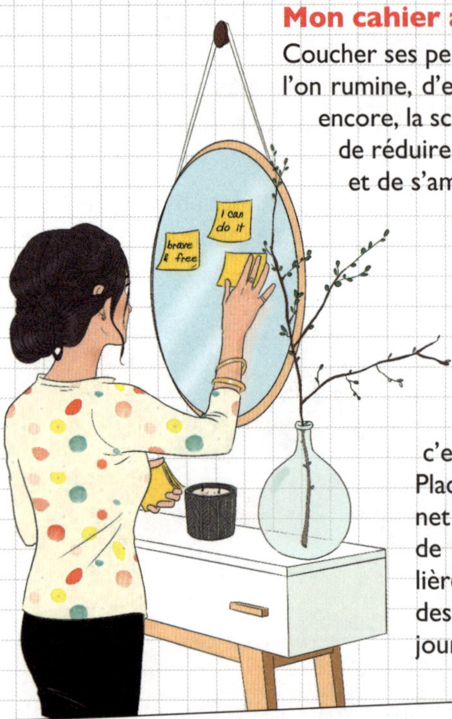

Coucher ses pensées sur le papier permet de se libérer de ce que l'on rumine, d'exprimer ses sentiments et ses souffrances. Mieux encore, la science prête à l'écriture des avantages comme ceux de réduire le stress, de lutter contre la dépression, de guérir et de s'améliorer. Les études le confirment, l'écriture aurait des vertus thérapeutiques. Si l'on extériorise nos pensées anxiogènes et parasitaires, ces dernières disparaissent de notre esprit. En bref, l'écriture participe à notre épanouissement personnel !

Se fixer des objectifs de vie, de forme ou professionnels est un vecteur très puissant pour avancer. Poser noir sur blanc vos objectifs, c'est augmenter vos chances de pouvoir les atteindre. Placardez-les sur votre miroir, écrivez-les sur un carnet que vous placez dans votre table de chevet afin de les avoir sous les yeux et de faire le point régulièrement. Il est aussi intéressant de pouvoir noter des idées qui vous viennent en tête au cours de la journée : une intuition, une citation, etc.

Notez ici quelques-uns de vos objectifs

....

....

....

....

Mon carnet de gratitude

Alors que notre cerveau a tendance à se focaliser sur les idées négatives, le carnet de gratitude est un moyen simple de créer du bonheur au quotidien. Positiver, c'est comme pratiquer un sport : pour progresser, il faut s'entraîner. Avec le carnet de gratitude, on prend l'habitude de remarquer les événements positifs du quotidien, les petites choses qui nous ont fait du bien.

En pratique...

Il suffit de se munir d'un carnet à laisser sur votre table de chevet et de le remplir chaque soir en écrivant une petite liste des choses qui vous ont rendue heureuse aujourd'hui : un compliment d'une collègue, un déjeuner avec une copine, une musique dans la voiture, un dessin de votre enfant, un appel de votre mère. Nul besoin de contextualiser, il suffit de lister ce qui vous a procuré une émotion positive, un sentiment d'accomplissement, un plaisir ou toute sorte de bien-être.

Positive attitude!

Le carnet de gratitude est une façon de remercier la vie pour ce qu'elle nous donne de bon. De temps en temps, prenez votre carnet de gratitude et relisez ce que vous y avez noté. Cela vous permet de vous remémorer les moments positifs que vous avez vécus et de relativiser. N'oubliez pas que c'est la régularité qui paie. S'astreindre à cette tache chaque soir, c'est prendre rendez-vous avec le bonheur.

Notez ici 3 choses qui vous ont rendue heureuse aujourd'hui...

....

....

....

Color therapy

Le coloriage pour adulte est une méthode tout aussi efficace que la méditation pour se relaxer et à la portée de tous. Colorier permet de se recentrer : remplir les motifs et choisir les couleurs sont des actions qui s'apparentent à la méditation car elles sont ancrées dans l'ici et maintenant. C'est une façon de se reconnecter à son corps, à son esprit et à ses émotions.

Mandala, miroir de soi

Les mandalas sont d'ailleurs un outil thérapeutique utilisé en psychologie car la création de formes symboliques circulaires est propice à l'expression de son état émotionnel. D'où l'intérêt de colorier lorsque l'on se sent stressée ou mal dans sa peau. Plutôt que de culpabiliser à l'idée d'avoir englouti votre brownie, de vous dévaloriser devant le miroir, de vous mettre au régime en découvrant un bourrelet sur votre ventre, essayez le coloriage pour laisser passer vos pensées et émotions sans jugement. Lorsque l'on traverse une vague émotionnelle négative, le coloriage permet de se reconnecter à son moi profond et de prendre conscience de son potentiel.

Révélation de l'être...

Symboliquement, le crayon est l'extension de notre main et la trace qu'il laisse, une projection de soi. Que l'on ne finisse pas son coloriage comme une œuvre inachevée, que l'on suive un modèle, que l'on s'en émancipe ou qu'on laisse libre cours à son imagination, le coloriage parle de soi. C'est une façon de laisser une trace existentielle. C'est aussi une approche artistique qui permet de gérer le manque de confiance en soi et la peur de ne pas être capable de faire certaines choses. Le coloriage est une activité à laquelle on s'adonne uniquement pour soi.

Et si j'essayais la méditation de pleine conscience?

Méditer, c'est d'abord s'arrêter, faire une pause, s'immobiliser… bref, laisser la place à l'instant présent! Le fait de se concentrer sur le moment présent permet de calmer les ruminations mentales, de s'ancrer dans la réalité et de favoriser l'acceptation de soi. Par exemple, nous ne nous acceptons pas lorsque nous nous dénigrons, lorsque nous nous sentons médiocre face aux autres (moins belle, moins intelligente, moins rayonnante), lorsque nous nous focalisons sur nos défauts plutôt que sur nos qualités ou lorsque nous nous reprochons de toujours échouer.

Gérer ses émotions

La première étape d'un changement consiste à accepter ce qui arrive ou ce que l'on ressent. Réaliser que l'on n'est pas exactement la personne que celle que l'on rêverait d'être peut être difficile pour certaines filles idéalistes ou perfectionnistes. Dans ce cas, intégrer la méditation dans son quotidien contribue à mieux gérer ses émotions, à se recentrer sur sa respiration et son corps. C'est un temps que l'on s'accorde pour l'introspection et un retour sur soi. On prend ainsi du recul face aux (auto)critiques, aux émotions et aux jugements rencontrés. En pratiquant régulièrement, on devient plus indulgente à son égard et on est davantage à l'écoute de ses besoins. La méditation améliore ainsi la confiance en soi et apporte beaucoup de sérénité.

Se recentrer et apaiser le flux de ses pensées

Contrairement à ce que de nombreuses personnes pensent, la méditation n'est en aucune façon un moment durant lequel on cesse de penser. Notre cerveau en est incapable puisqu'il produit en permanence des milliers de pensées qu'il nous faut accueillir. Mais méditer demande de l'attention. Ainsi, si notre esprit s'échappe, happé par de nombreuses pensées, il est essentiel de se recentrer en se focalisant sur sa respiration et la conscience son corps. Voilà un exercice qui peut s'avérer difficile lorsque l'on est aspirée par l'agitation du quotidien… mais bien à la portée de toutes !

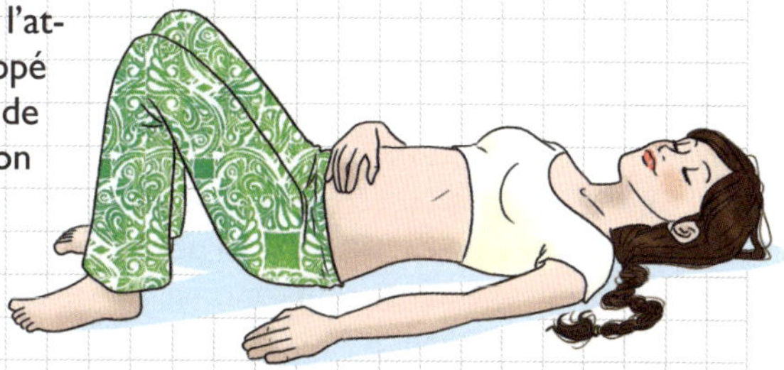

1 minute de présence

Fermez les yeux et regardez à l'intérieur de vous. Que ressentez-vous en ce moment même ? Êtes-vous consciente de votre corps ? De votre respiration ? Du poids de ce cahier entre vos mains ? Restez quelques instants dans ce silence intérieur. Laissez passer les pensées sans vous y accrocher. Vous êtes en train d'expérimenter l'instant présent.

Quels sont les bienfaits de la méditation ?

- Elle améliore la concentration et le sommeil.
- Elle facilite la gestion des émotions.
- Elle réduit le stress et les ruminations.
- Elle atténue les douleurs chroniques.
- Elle régule la tension artérielle.
- Elle améliore les fonctions cardiaques.
- Elle renforce les défenses immunitaires.

Mon challenge wellness : j'expérimente l'instant présent

Je calme mes émotions avec la cohérence cardiaque

Réduire le stress et l'anxiété grâce à une technique de respiration, voilà la promesse de la cohérence cardiaque. Mise en avant par le Dr David Servan-Schreiber, la cohérence cardiaque repose sur la synchronisation de la respiration et du rythme cardiaque. En maîtrisant ces deux facteurs, on peut contrôler son cerveau et donc ses émotions. En plus de diminuer le stress, la cohérence cardiaque améliore les troubles du sommeil, de l'humeur, permet de mieux gérer ses émotions, de diminuer les migraines, l'hypertension et de repousser les maladies cardio-vasculaires.

En pratique...

Installez-vous confortablement en position assise. Gardez le dos droit et les jambes décroisées.

Pendant 5 min, concentrez-vous sur votre respiration et allongez vos inspirations et vos expirations.

Inspirez sur 5 s par le nez en gonflant le ventre et **expirez par la bouche sur 5 s** en relâchant votre ventre. Recommencez 5 fois de suite.

La cohérence cardiaque repose ainsi sur **6 cycles respiratoires par minute** qui permettent de réguler le système nerveux autonome, de réduire le stress et d'augmenter nos défenses immunitaires. C'est aussi une technique pour prendre de meilleures décisions et développer son intuition.

Pour vous aider, vous pouvez trouver sur Internet des vidéos pour synchroniser sa respiration à l'aide de rosace qui se gonfle ou de point lumineux qui monte et qui descend.

Je me mets à la méditation

Une technique simple en pratique...

Installez-vous confortablement en position assise et fermez tranquillement les yeux. Respirez naturellement et concentrez-vous sur votre respiration.

Prenez conscience de l'air qui passe dans vos narines, puis dans votre gorge et des mouvements de votre ventre. Retracez visuellement le chemin inverse : la cage thoracique qui s'abaisse, l'air qui passe dans votre gorge et votre nez. Sentez l'air chaud au bord de vos narines. Comment est votre respiration désormais ? Plus calme, non ?

Si vous êtes distraite par une pensée, ramenez aussitôt votre conscience sur la respiration.

Au départ, vous pourrez vous laisser envahir par le flux hasardeux de votre pensée. Faites en sorte de toujours ramener votre attention sur votre respiration. Avec de l'entraînement, vous pourrez ainsi développer votre concentration et maîtriser progressivement votre flux de pensées.

Combien de temps ? Commencez par 1 ou 2 min, puis augmentez le temps de travail de 3 à 5 min. C'est un véritable entraînement et plus vous pratiquerez, plus vous obtiendrez de résultats.

L'exercice de la bougie

Vous pouvez aussi vous aider d'une bougie. Asseyez-vous dans un endroit calme et allumez une bougie. Regardez vaciller la flamme pendant quelques minutes. Si votre esprit s'égare, ramenez votre attention sur la flamme, sans vous juger. Laissez simplement vos pensées défiler…

Je suis un programme de méditation

Et si nous tournions cette vilaine manie de consulter tout le temps notre smartphone à notre avantage ? Désormais, il existe des applications permettant de s'initier à la méditation de pleine conscience et d'être ainsi guidée. Nombreuses sont celles qui proposent un programme gratuit de 7 à 10 jours : une courte séance à réaliser chaque jour pour s'accorder une pause et expérimenter les premiers bienfaits. Dans les transports, au moment du coucher, au réveil, au bureau, il est possible de pratiquer la méditation au quotidien, n'importe où et seulement durant quelques minutes. Essayez, cela pourrait bien vous changer la vie !

Je télécharge une application !
Petit Bambou, Zenfie, Namatata, Méditer avec Christophe André (psychiatre et spécialiste de la méditation), 7Mind (avec Jonathan Lehmann des Antisèches du bonheur) ou encore Maman Zen (avec la blogueuse et sophrologue Julie Lemaire).

Chapitre 4

Je booste ma confiance en moi !

Aimer toutes les dimensions de son être

La confiance en soi, ça s'acquiert ! Cela ne signifie pas que l'on est sûre de soi tous les jours. En revanche, il est possible d'apprendre à s'aimer, de rehausser le baromètre de l'amour de soi lorsqu'il flanche et d'utiliser des clés à sa portée pour le renforcer chaque jour davantage.

Se lancer des challenges sportifs, adopter une alimentation qui renforce notre corps et notre esprit, trouver des domaines dans lesquels on peut exprimer tout son potentiel, tout cela permet de se sentir plus forte et d'apprécier chaque dimension de son être. Osez vous affirmer et sortir de votre zone de confort, mais toujours avec bienveillance ! Bref, donnez-vous des objectifs ambitieux !

Je nourris mon corps et mon esprit

Nourrir sainement son corps, c'est aussi prendre soin de son cerveau et donc de ses émotions. Vous pensiez que l'intestin se résumait à un long tube qui permettait la digestion des aliments ? Détrompez-vous ! Notre ventre abriterait bien notre « second cerveau », appelé le « microbiote ».

Mon ventre, ce second cerveau

L'intestin possède son propre système nerveux composé de 200 millions de neurones et une paroi cellulaire colonisée par 40 000 milliards de bactéries de 1 000 espèces différentes qui forment son précieux microbiote. Rien que ça ! Le microbiote intestinal est le plus important

de notre organisme. On sait désormais qu'il joue un rôle dans les fonctions digestive, métabolique, immunitaire et neurologique. L'intestin s'apparente ainsi à un petit cerveau qui communique avec le grand. Son réseau de neurones est aussi abondant et complexe que celui de notre moelle épinière. Notre intestin conditionne bien plus notre bien-être qu'on pourrait l'imaginer ! Le microbiote intestinal influe d'ailleurs sur le niveau de sérotonine dans notre organisme, ce messager chimique qui module nos humeurs, nos comportements alimentaires, notre sommeil et régule notre sentiment de bonheur. Voilà pourquoi il est important de prendre soin de notre cerveau entérique, notre cerveau du ventre.

Je prends soin de lui

Stress, alimentation déséquilibrée, produits chimiques, notre intestin est souvent exposé à de multiples agressions. Afin de lui permettre de fonctionner correctement et d'accroître notre bien-être, il faut lui donner le bon carburant qui lui permettra de nourrir sa flore intestinale et de renforcer notre santé physique mais aussi mentale.

Poids & microbiote

En 2004, des chercheurs ont démontré que le microbiote d'une souris obèse pouvait rendre obèse une souris mince, et inversement. Les études sur l'homme prennent le même chemin. Notre silhouette dépend en partie de la santé de notre flore. Un microbiote en bonne santé est un microbiote bien nourri et sa principale source de nourriture provient des fibres non digérées. Fournir plus de fibres pour la fermentation opérée par notre microbiote pourrait ainsi aboutir à une perte de poids, réduire les inflammations et éloigner les maladies de la société moderne (diabète, excès de cholestérol, surpoids et obésité).

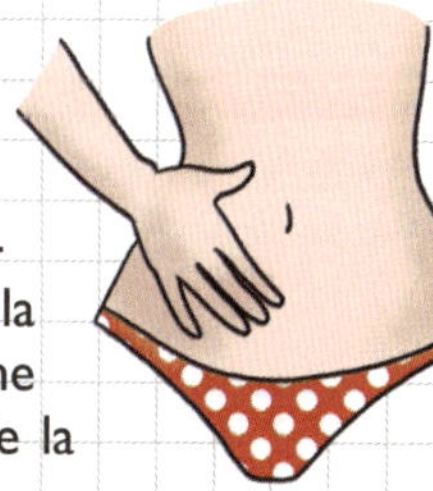

Attention aux déséquilibres !

À l'inverse, un microbiote déséquilibré pourrait nous pousser à manger plus, notamment du sucre. Effectivement, « *le microbiote serait responsable de 10 % des surpoids* », explique Maxime Mességué, diététicien-nutritionniste. « *Le reste, c'est à 80 % du comportement et à 10 % de la génétique.* » Le microbiote se déséquilibre pour plusieurs raisons : traitement antibiotique, stress, changement de rythme. Les aliments industriels participent à son déséquilibre car ils renferment des conservateurs, des antimicrobiens qui perturbent la flore, la viande de mauvaise qualité (qui contient des antibiotiques vétérinaires) et les excès alimentaires répétés. Plus on mange sucré, moins on mange varié, plus la flore s'adapte à cet environnement et en réclame.

En pratique

On privilégie donc une alimentation variée :

- **des glucides bons pour le microbiote :** présents dans les fruits, les légumes, les légumineuses et les céréales ;

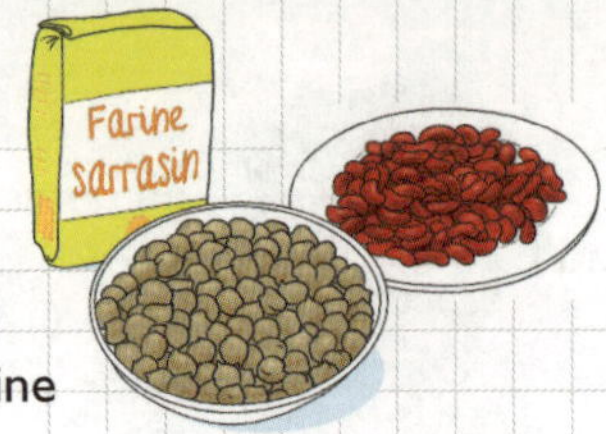

- **des fibres :** on fait la part belle aux aliments riches en fibres comme les légumineuses (haricots rouges, pois chiches, lentilles), les fruits (dattes et figues séchées, cassis, framboises, châtaignes) et les céréales et farines complètes (sarrasin, souchet, sons d'avoine et de blé) ;
- **des aliments bio :** on préfère les aliments issus de l'agriculture biologique pour réduire son exposition aux pesticides chimiques et profiter de 30 à 40 % de vitamines et minéraux supplémentaires et davantage d'oméga-3. Ces aliments contribuent à revitaliser notre flore intestinale ;

- **des antioxydants** (les polyphénols) que l'on retrouve dans le thé, les fruits rouges et les agrumes ;
- **des oméga-3** : dans les huiles de colza, de lin, de cameline, les poissons gras (thon, saumon, maquereau, sardine), les graines de chia ;
- **des aliments fermentés**, riches en bonnes bactéries.

On réduit : les viandes et graisses saturées, peu digestes, et on cible les protéines de bonne qualité : fiez-vous au Label Rouge®, au label Bleu Blanc Cœur® ou au bio.

3 recettes pour booster le microbiote

Voici mes recettes phare pour prendre soin de votre « deuxième cerveau » et vous permettre de passer une journée sous le signe du bien-être et de la sérénité.

Granola energy (pour 8 portions)

Ingrédients

400 g de flocons de céréales (avoine, quinoa, etc.), 75 g de noix de coco râpée, 75 g de graines de courge, 50 g d'amandes, 50 g de noisettes, 3 c. à c. d'huile d'olive ou de colza, 2 c. à c. de sirop d'érable, 1 c. à c. de cannelle en poudre, 1 c. à c. d'extrait de vanille en poudre

Topping : myrtilles fraîches ou congelées

Préparation

Préchauffez le four à 180 °C (th. 6). Dans un récipient, mélangez les flocons, la noix de coco râpée, les graines de courge, les amandes et noisettes préalablement concassées. Dans un bol, mélangez l'huile avec 12 cl d'eau, le sirop d'érable, la cannelle et la vanille. Versez la préparation sur les graines et mélangez de façon à les enrober. Étalez toute la préparation sur une plaque de four recouverte de papier cuisson et enfournez pour 30 à 40 min jusqu'à ce que le granola soit bien doré et croustillant, en prenant soin de le brasser toutes les 10 min. Laissez refroidir.

Le granola se conserve 1 mois au réfrigérateur dans une boîte hermétique.

Au moment de servir, ajoutez quelques myrtilles (pour profiter d'un apport en fibres supplémentaires) et savourez !

Dhal indien (pour 4 personnes)

Ingrédients

250 g de lentilles (éventuellement un mélange de lentilles corail, jaunes et vertes), 1 poignée de feuilles de coriandre, 1 oignon, 2 gousses d'ail, 1 petit piment, 2 grosses tomates, 1 morceau de gingembre frais (ou 1 c. à c. de gingembre en poudre), 1 c. à c. de graines de cumin, 2 c. à s. de lait de coco, 1 c. à s. d'huile de colza, sel

Préparation

Ciselez les feuilles de coriandre, hachez l'oignon, l'ail et le piment, coupez les tomates en dés, le gingembre en petits morceaux.

Dans une grande casserole, faites revenir les graines de cumin avec l'huile de colza jusqu'à ce que l'arôme de l'épice s'en dégage. Ajoutez l'ail, le gingembre et le piment et faites revenir pendant 5 min. Incorporez les tomates et faites revenir encore 3 min.

Ajoutez les lentilles et mélangez de façon à ce qu'elles soient enrobées de tomate. Versez 75 cl d'eau bouillante. Faites mijoter le tout à feu doux pendant 30 à 40 min jusqu'à ce que les lentilles aient absorbé toute l'eau.

Parsemez enfin de coriandre et arrosez de lait de coco. Salez à votre convenance.

Cake à la pistache (pour 4 à 6 personnes)

Ingrédients

8 blancs d'œufs, 140 g de sucre naturel : coco, stévia, bouleau (xylitol), 200 g de poudre de pistaches, 80 g de farine de riz complet, 4 pincées de bicarbonate de soude, 220 g d'huile de coco ou de ghee (beurre clarifié), 1 c. à c. de vanille en poudre, 1 pincée de sel

Topping : coulis de fruits rouges, sirop d'érable ou chocolat fondu

Préparation

Préchauffez le four à 140 °C (th. 4/5). Battez les blancs d'œufs avec le sucre. Ajoutez la poudre de pistaches et mélangez, puis la farine, le bicarbonate, l'huile (ou le beurre), la vanille et le sel et mélangez jusqu'à obtenir une crème lisse.

Versez la préparation dans un moule préalablement huilé. Enfournez pour 40 à 45 min.

Au moment de servir, versez un filet de coulis de fruits rouges, de sirop d'érable ou de chocolat fondu.

Mon challenge food : les bons réflexes de la positive food

Pour être pleine d'énergie, il faut fournir le bon carburant à son corps ! Et cela commence dès le lever en faisant le plein de vitamines, de minéraux, de protéines digestes, de bons glucides et de bonnes graisses, tous ces éléments qui contribuent à être en forme. Car il est difficile de se sentir forte et de s'aimer pleinement lorsque nos batteries sont au plus bas et que l'on n'offre pas à son organisme ce dont il a besoin. Voici un challenge pour commencer la journée bien dans ses baskets, avoir assez d'énergie, se sentir confiante et capable de déplacer des montagnes !

Mon petit déjeuner feel good

Certaines n'ont pas faim au réveil et, pour cette raison, sautent le petit déjeuner. Ce manque d'appétit est bien souvent le signe d'un dîner trop copieux la veille. D'autres évoquent le manque de temps. Toutefois, c'est un temps que l'on doit s'accorder parce qu'il représente, autant qu'une séance de sport, le premier pas vers une bonne hygiène de vie. Avoir faim le matin devrait être une sensation habituelle après une longue nuit de jeûne. Le petit déjeuner permet d'attaquer la matinée avec assez d'énergie ainsi que de gérer sa satiété et de réduire le grignotage tout au long de la journée. C'est la raison pour laquelle le corps réclame des nutriments et toutes nos cellules sont alors ultra réceptives à ce qu'on va leur apporter. Il est donc primordial de fournir le carburant nécessaire au bon fonctionnement de notre organisme.

Misez sur les baies

Myrtilles, mûres, bleuets, baies de goji, acérola, sureau noir, argousier renferment des fibres qui contribuent à la satiété et au bon fonctionnement du transit. Ces baies ont surtout une forte teneur en polyphénols, des antioxydants qui permettent de lutter contre les radicaux libres et d'éloigner les maladies.

Ajoutez des graines

Graines de courge, de lin, de sésame, de chia renferment des graisses mono et polyinsaturées ainsi que des oméga-3 qui protègent notre santé cardio-vasculaire et notre cerveau.

N'oubliez pas les fruits oléagineux

Amandes, noix, noisettes, noix de cajou, noix de pécan, noix de macadamia renferment de bons acides gras et des fibres insolubles qui ont un effet rassasiant et facilitent le transit intestinal.

Optez pour une base de yaourt

On mise aussi sur des protéines assimilables au petit déjeuner, comme celles du yaourt plutôt bio végétal (soja, coco, amande) ou de petits ruminants (chèvre, brebis). On évite les produits laitiers à 0 % de matière grasse. Moins gras, ils sont moins rassasiants et plus sucrés (pour remédier à leur saveur insipide). La sensation de faim revient donc rapidement.

Cassez un œuf

Si vous ne consommez pas de produits laitiers, vous pouvez opter pour un œuf ou des fruits oléagineux qui permettent d'obtenir aussi bien des protéines que des matières grasses. Les acides aminés qu'ils contiennent se lient à des neurotransmetteurs, ce qui réduit la faim et augmente la satiété.

Prenez une tasse de thé

On préfère le thé vert au café, moins acidifiant pour l'organisme et moins agressif pour notre système digestif, notamment lorsque notre estomac est vide après une longue nuit de sommeil. Riche en principes actifs et en antioxydants, le thé vert protège nos cellules du vieillissement et des maladies.

Mon brunch healthy pour bien commencer la journée

Smoothie vert (pour 1 personne)

Ingrédients

2 kiwis, 1 banane, 1 petit morceau de gingembre frais, quelques feuilles de basilic frais, 1 grosse poignée de pousses d'épinards, 20 cl de lait végétal.

Préparation

Coupez les fruits et le gingembre et mixez-les dans un blender. Ajoutez le basilic et mixez de nouveau. Ajoutez les épinards et le lait végétal, mixez. Buvez aussitôt.

Pudding chia & cajou (pour 1 personne)

Ingrédients

50 g de graines de chia, 40 cl de lait végétal, 40 g de fruits rouges, 1 c. à c. de purée de noix de cajou, 1 c. à c. de vanille en poudre, 1 c. à c. de sucre de coco.

Préparation

Mélangez tous les ingrédients dans un saladier. Laissez gonfler les graines 5 min et ajoutez plus de lait végétal si besoin. Placez au frais la veille ou au minimum 2 h avant de servir.

Avocado toast & oeuf (pour 2 personnes)

Ingrédients

2 œufs, 2 tranches de pain (de préférence noir ou au levain), 1 avocat, 1 c. à s. de yaourt nature, quelques feuilles de menthe et de coriandre, 1 filet de jus de citron, vinaigre blanc, sel et poivre.

Préparation

Versez 5 cm d'eau dans une casserole et portez à ébullition à couvert. Cassez chaque œuf dans une tasse avant de le faire glisser délicatement dans l'eau. Coupez aussitôt le feu et couvrez. Laissez cuire 4 min et retirez les œufs à l'aide d'une écumoire. Réservez.
Dans un bol, écrasez la chair de l'avocat et mélangez-la avec le yaourt, la menthe et la coriandre ciselées et le jus de citron. Salez et poivrez.
Toastez les tranches de pain, puis tartinez-les de l'écrasé d'avocat et déposez 1 œuf sur chacune d'elles. Ouvrez les œufs en deux, salez et poivrez légèrement.

J'ose me lancer des défis !

Je teste d'autres sports pour me dépasser

Sortir de sa zone de confort a de nombreux effets positifs : on améliore sa faculté d'adaptation, on découvre de nouvelles opportunités ainsi que des capacités qu'on ne se soupçonnait pas. En repoussant ses limites, on éloigne la peur, on apprend à mieux se connaître et on booste ainsi sa confiance en soi ! Tout ça, c'est 100 % Body Positive ! Le sport est une excellente façon de se challenger. Testez d'autres disciplines pour vous réaliser à travers des défis bienveillants !

Le Power Yoga®

Né aux États-Unis dans les années 1990, le Power Yoga® consiste en un enchaînement rigoureux et intense de postures en rythme avec la respiration dans une salle chauffée (30 °C). Il met l'accent sur le développement de la force musculaire, de la souplesse et de l'équilibre. La chaleur favorise la décontraction et l'assouplissement musculaire, on relâche ainsi les tensions. Les résultats de cette méthode se font rapidement sentir : renforcement et amélioration de la tonicité musculaire, de l'endurance et de la souplesse des articulations. Elle procure également des bienfaits psychiques en améliorant la concentration, le sommeil et en diminuant l'anxiété. Notre mental est ainsi boosté !

Le trail

Course en pleine nature, le trail répond à notre soif de liberté et à nos envies de grands espaces. Il nous permet de découvrir des paysages variés, de sortir des sentiers battus, de déconnecter avec le tumulte urbain afin de se reconnecter avec la nature (rappelez-vous le principe de l'ancrage, p. 46). Pour faire ses débuts en trail, il s'agit ni plus ni moins de pratiquer la course à pied en pleine nature. Forêt, terrain vallonné, montagne, le trail propose autant de paysages que la nature en offre. Avant de vous lancer, essayez la randonnée dynamique. C'est une bonne base pour repérer le parcourt et vous habituer à votre nouveau terrain de jeu.

L'escalade de blocs

Plus urbaine, cette technique d'escalade nous permet de grimper, quel que soit notre niveau ! Plus besoin d'attendre les beaux jours, une paire de chaussons suffit pour s'entraîner par tous les temps. Fini, baudriers et harnais, le bloc présente moins de risques, nécessite moins de matériel et peut se pratiquer seule. Les parois sont plus basses (jusqu'à 4 m) et de gros coussins permettent d'amortir les chutes. Nul besoin donc d'apprendre les manipulations complexes de corde, la pratique devient plus libre et plus accessible ! Il faut juste se faire confiance !

Je m'inscris à une course entre copines

Raids, courses à obstacles ou en relais… Courir devient un jeu grâce auquel on se dépasse mais surtout qui permet de booster la confiance en soi ! À plusieurs, on se sent en sécurité dans une équipe soudée et on profite de l'émulation de groupe. L'effort devient un jeu grâce auquel on prend conscience de ses capacités et de son potentiel. On court en équipe, on pédale à deux, on nage, on rame, on allie diverses activités qui supposent de s'entraider et de donner le meilleur de soi-même.

Une course Bike & Run

Voilà une bonne façon de s'initier aux courses en équipe. Sur une distance donnée (10, 12, 18 km ou plus), on alterne course à pied et VTT. Pendant que l'une court, l'autre pédale. On trouve son équilibre, on se challenge dans le plaisir et la cohésion avec son partenaire. On s'échange le VTT comme bon nous semble, le but étant de franchir la ligne d'arrivée ensemble.

Où s'inscrire? Paris Bike & Run, la Run & Bike Solidaire et un peu partout en France.

Un raid multisport

Sur plusieurs jours, on enchaîne des activités outdoor en France ou à l'étranger : course d'orientation, course à pied, trail, canoë, VTT et même tir à l'arc ou paddle. Le tout en équipe de deux ou trois, on court, on pédale, on rame, on prend conscience de ses capacités, on relève des défis qui boostent l'estime de soi et on apprend à mieux se connaître. Ces raids nous offrent la possibilité d'aller chercher nos limites et de tenter de les dépasser en équipe, dans la bienveillance collective et la sécurité. Nul besoin d'être une athlète, les raids sont aussi destinés à des sportives de tous les jours comme nous !

Où s'inscrire ? La Saharienne, le Raid des Alizés, le Raid Amazones, Cap Women.

Une course à l'étranger

Pour vivre une expérience unique, découvrir une ville ou courir entre ami(e)s, osez vous inscrire à une course à l'étranger ! C'est l'occasion de découvrir de nouvelles contrées, de s'ouvrir à d'autres cultures, de profiter d'une ambiance propre au pays. Vous sortirez ainsi de votre zone de confort et vous pourrez prouver que vous êtes capable de bien des choses : suivre une course dans un pays qui n'est pas le vôtre, prendre du plaisir malgré la perte de repères, vous dépasser et ainsi retrouver l'estime de soi.

Où s'inscrire ? Les 10 km The Authentic Marathon (Athènes), Harmony Marathon for Unicef (Genève), Moonlight Marathon (Venise), The British 10K (Londres).

Une course à obstacles

La course à obstacles est un véritable sport de femmes ! Que vous soyez débutante en course à pied ou compétitrice avertie, il est possible de vous lancer dans ce challenge. Sur 5, 10 ou 12 km, on alterne course à pied et franchissement d'obstacles sur un parcours semé d'embûches : échelles, ponts de singe, pneus… dans une ambiance ultra fun et galvanisante ! Tout au long du parcours, on s'entraide entre coéquipières mais aussi avec les autres coureurs car l'on trouve toujours du soutien sur le parcours. On court, on saute, on grimpe et on s'amuse. Girl power, on vous dit !

Où s'inscrire ? The Mud Day, Spartan Race, Muddy Angel Run, D-Day Race, la Frappadingue, La Ruée des Fadas, la So Mad.

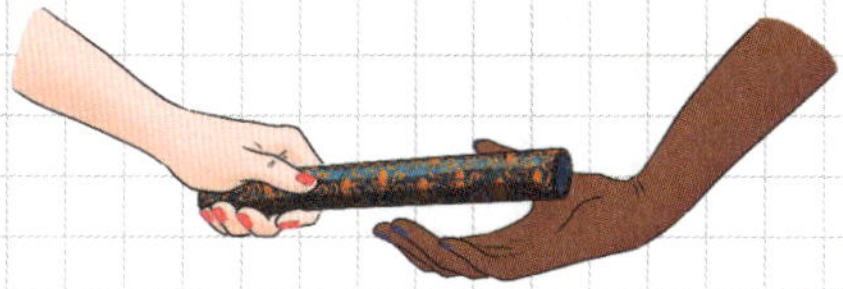

Un marathon en relais

Si vous n'êtes pas prête à courir les 42,2 km d'un marathon, vous pouvez relever le défi à plusieurs, chacune parcourant une étape. Dans un marathon en relais, vous formez une équipe de runneuses. Sur le parcours, vous encouragez votre coéquipière en train de vous passer le relais ou de franchir la ligne d'arrivée. Grâce à de courtes distances, vous pouvez participer – quel que soit votre niveau – à cette expérience unique qu'est le marathon en constituant une équipe de 2, 4 ou 6 coureuses qui se relaient.

Où s'inscrire? L'Ekiden de Paris, les marathons des Alpes-Maritimes, de Rennes, de Toulouse.

Mon challenge move : je progresse et je me sens bien !

Courir permet d'être présente à son corps, de l'habiter, de se le réapproprier et… de l'aimer davantage. La course à pied aide à se rendre compte de ce que notre corps et notre mental sont capables de faire. Essayez ce challenge body positive pour vous reconnecter à vos sensations et vous challenger.

Je planifie mes jours de course

Deux entraînements par semaine, ou 3 si vous avez un objectif de compétition, vous permettront de progresser. Allez-y progressivement au cours de la séance et dans votre programmation d'entraînement. Laissez-vous au moins 1 jour de repos entre chaque séance. Votre corps vous parle, restez à l'écoute.

Je mise sur la progressivité

Évitez de chercher à atteindre votre objectif dès les premières séances, qu'il soit de courir 30 min sans s'arrêter ou de faire une sortie longue de 15 km. Vous maltraiteriez votre corps, il n'est pas encore prêt. Souvenez-vous de rester à l'écoute de vos sensations. Fixez-vous des objectifs intermédiaires afin de respecter une notion essentielle en course à pied : la progressivité. Il est important de laisser le temps à l'ensemble de votre organisme pour s'habituer progressivement à ce type d'effort.

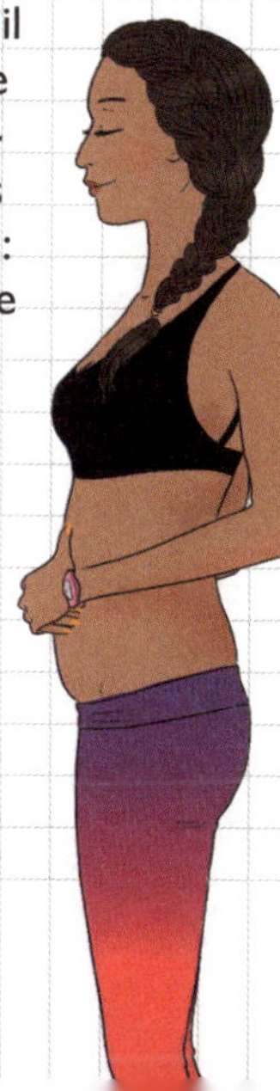

Je me reconnecte à mes sensations

Le but de la démarche est d'être là, ici et maintenant. Lorsque vous courez, essayez d'être attentive à ce qu'il se passe dans votre corps et votre environnement. Ce n'est pas un exercice facile lors de l'effort, votre esprit a tendance à s'égarer ou se focaliser sur de mauvaises sensations. Vous connecter à vos sensations de course n'est pas automatique, entraînez votre esprit à revenir le plus souvent possible dans le moment présent. Concentrez-vous sur chaque partie de votre corps, faites un scan corporel :

visualisez votre corps de la tête aux pieds. Écoutez le rythme de votre respiration, les battements de votre cœur et profitez ainsi pleinement de votre sortie running.

Si je n'ai aucun objectif de compétition…

Si votre objectif est la seule recherche de bien-être et de plaisir, le suivi d'un plan d'entraînement n'est pas nécessaire. Il est tout de même intéressant d'intégrer quelques variations d'allure et de type de sortie lors de certains entraînements afin d'éprouver de bonnes sensations.

La course en pleine conscience : durant cette séance, le souffle est un bon indicateur. Vous devez toujours être en aisance respiratoire. Si vous êtes trop essoufflée, ralentissez la cadence ou alternez course et marche rapide. Restez à l'écoute de votre corps !

Le Fartlek libre : cette forme d'entraînement est ludique car ici tout est laissé à l'appréciation de la runneuse qui varie ses allures au gré de ses sensations. C'est un premier pas vers l'entraînement en fractionné. Vous accélérez et décélérez à votre guise en fonction du terrain, du dénivelé, de repères que vous vous donnez. Cette séance permet de progresser dans la connaissance de soi avec un minimum de contraintes.

La sortie longue : elle se conçoit en durée et non en distance. À un rythme moins soutenu, elle permet d'habituer en douceur le corps à un effort plus long et ainsi de se challenger en parcourant plus de kilomètres.

Ce plan d'entraînement structuré n'est pas obligatoire, il est donné à titre indicatif.

LUNDI	MARDI	MERCREDI	JEUDI	VENDREDI	SAMEDI	DIMANCHE
Repos	**Footing en pleine conscience** Débutante : 30 min Confirmée : 45 min à 1 h	*Repos ou autres activités bien-être sans impact : natation, Pilates (p. 62), yoga (p. 47)*	**Fartlek** Débutante : 30 min Confirmée : 45 min	*Repos ou autres activités bien-être sans impact : natation, Pilates (p. 62), yoga (p. 47)*	*Repos*	**Sortie longue de footing en pleine conscience** Débutante : 45 min Confirmée : 1 h à 1 h 30

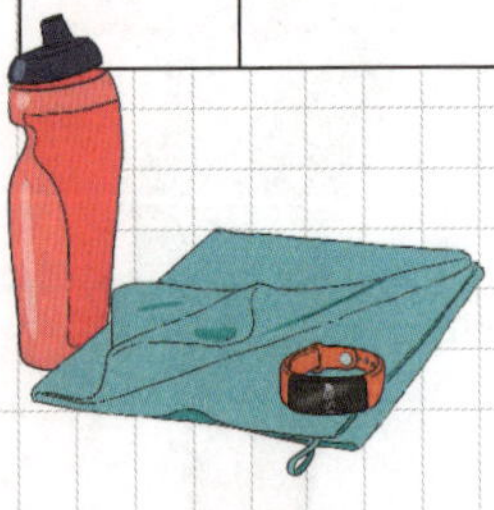

Si je vise la compèt'…

Si vous avez un objectif de course, vous devez suivre un cycle de plusieurs semaines ou mois pour vous challenger dans le plaisir et en toute sécurité. Cette semaine devra être répétée plusieurs fois au cours de ce cycle afin d'adapter durablement votre organisme aux contraintes de la course. Ce cycle pourra s'étendre entre 5 semaines pour un 5 ou 6 km, 6 semaines pour un 10 km et 12 semaines pour un semi-marathon avec une évolution du contenu de chaque séance au fil des semaines.

Où trouver des plans d'entraînement ?
Un coach peut vous fournir un plan sur mesure selon vos objectifs et non votre niveau. Sinon, il est possible d'en trouver sur les sites de course à pied comme celui de la Fédération française d'athlétisme (http://www.athle.fr).

Positive booster !

Utilisé en autohypnose, l'ancrage positif est une technique qui a pour but d'ancrer, en soi, la confiance, la sérénité, la motivation. En respirant profondément et en associant un geste à une phrase bienveillante, on agit de façon bénéfique sur l'estime de soi. On gagne en confiance en soi et on se sent plus compétente. C'est un vrai cercle vertueux, car plus on se sent capable d'agir, plus on ose et plus on ose, plus on augmente nos compétences. C'est un outil que l'on peut aussi bien utiliser pour relever des challenges sportifs que personnels ou professionnels.

L'exercice de l'ancrage positif

Fondé sur l'association de plusieurs sens, cet exercice permet d'ancrer l'état positif et puissant pour ensuite le retrouver quand on le souhaite.
Sandra Insoha, professeur de yoga et hypnothérapeute, nous l'explique :

Avant de poser l'ancrage, choisissez un mot secret et un geste discret qui seront associés à cet ancrage.

Puis prenez un moment pour vous rappeler tous les moments dans votre vie où vous avez ressenti très fortement cet état : laissez défiler les souvenirs, laissez monter les sensations et les émotions jusqu'à ressentir à nouveau profondément cet état.

Ensuite, prenez 3 grandes inspirations et, sur chaque expiration, répétez votre mot secret en faisant votre geste et en associant les images que vous avez dans la tête, les sensations et les émotions. Vous avez maintenant posé votre ancrage.

La prochaine fois que vous en ressentez le besoin (coup de stress, anxiété, préparation d'un événement important), il suffira de **prendre une grande inspiration et de répéter le mot secret** en réalisant le geste associé sur l'expiration pour immédiatement retrouver l'état que vous avez ainsi ancré. C'est un outil génial qui permet de changer d'état d'esprit instantanément.

Témoignage de Sandra Insoha, professeur de yoga, exploratrice dans l'âme et experte en médecines alternatives (@sandrainsoha)

Écouter son intuition

« Pour moi, la seule manière d'être profondément épanouie, heureuse, en bonne santé et rayonnante est d'aligner son corps, son âme et son esprit. Mon secret, c'est simplement d'avoir trouvé ma place et de continuer à oser suivre mon cœur et mon intuition, peu importe ce que les gens pensent autour de moi et quelles que soient les difficultés apparentes de mes rêves. Et puis aussi, bien sûr, bouger au quotidien et manger de bonnes choses pour mon corps. Dans mon programme MagiccallYou, je partage tous les outils qui m'ont aidée dans ma transformation personnelle et qui continuent à m'aider sur mon chemin. J'y mêle le yoga, la méditation, la programmation neuro-linguistique (thérapie brève de communication et de développement personnel utilisant des tapotements associés à des phrases), l'hypnose, les soins énergétiques et le développement personnel. J'ai également créé ce programme pour construire une communauté de partage et de soutien. »

Le yoga permet de retrouver un rapport sain avec son corps

« Je pratique le yoga le matin au saut du lit, je prends ensuite le temps de poser mes intentions pour la journée et je consacre toujours un moment à la gratitude. Sur le tapis, on est face à nous-même, seul avec notre respiration et nos pensées en pagaille, et cela nous oblige à prendre conscience de notre corps, de nos pensées et de nos émotions. Cela nous oblige à écouter, à observer, et au fur et à mesure de la pratique, on comprend que les symptômes ne sont pas là pour nous embêter mais pour nous orienter dans une meilleure direction. On ne peut alors que développer un respect immense pour notre corps et pour tout ce qu'il fait pour nous chaque jour. »

Le truc body positive : la sophro, pour la confiance en soi

La sophrologie est une méthode de relaxation dynamique qui vise à harmoniser notre corps et notre esprit, ce qui est indispensable dans une démarche Bo Po. Grâce à des exercices physiques doux, de respiration et de suggestions mentales, la sophrologie contribue à développer positivement nos capacités. Elle permet la détente physique et psychique, mais aussi l'acquisition d'une meilleure confiance en soi et aide à affronter les défis du quotidien avec sérénité. Corinne Geffroy, sophrologue, nous propose deux exercices à réaliser pour booster sa confiance en soi et atteindre ses objectifs de vie, professionnels ou sportifs.

Je me remplis de confiance

Debout, tendez les bras devant vous à l'horizontale en prenant une profonde inspiration. Bloquez votre respiration et ramenez les paumes de vos mains vers votre poitrine en imaginant prendre la confiance et la ramenez en vous. Soufflez doucement en laissant retomber vos mains le long du corps, tout en imaginant la confiance se diffuser en vous. Recommencez 2 fois en visualisant bien cette confiance.

Je reprogramme mon cerveau

Installez-vous confortablement. Prenez une profonde inspiration et expirez doucement en relâchant tous les muscles de votre corps : votre tête, les muscles de votre visage, vos épaules, vos bras, vos mains, votre dos. Imaginez vos poumons se remplir à chaque inspiration et se vider à chaque expiration.

Dénouez votre estomac et relâchez votre ventre. Imaginez vos cuisses devenir toutes molles, puis vos genoux, vos mollets et enfin vos pieds. Prenez conscience maintenant que tout votre corps est parfaitement détendu.

Laissez venir à vous le mot «confiance». Imaginez sa forme, ses couleurs, le son de ce mot et laissez-le résonner en vous. Percevez les sensations que cela vous procure et accueillez-les. Afin de vous en imprégner pleinement, prenez une profonde inspiration, puis bloquez-la et inscrivez le mot «confiance» dans votre tête. En expirant longuement par la bouche, visualisez la confiance se diffuser dans chaque partie de votre corps. Reprenez ensuite une respiration normale et prenez conscience de la confiance inscrite dans votre corps.

Maintenant, affirmez dans votre tête : «J'ai confiance en moi», puis répétez-vous plusieurs fois cette phrase en inspirant, puis en expirant naturellement. Continuez à votre rythme autant de fois que nécessaire.
Afin de programmer le maintien de cette confiance, affirmez dans votre tête : «J'ai confiance en moi toute la journée» et répétez cette phrase dans votre tête en restant concentrée sur votre respiration.

Programmez et intégrez en vous cet état. Observez les sensations corporelles, émotionnelles, mentales que cela vous procure. Prenez conscience de ces sensations de confiance et ancrez-les en vous. Sachez qu'elles restent constamment en vous. Pensez à les activer au quotidien.

Comment mieux atteindre mes objectifs body positive ?

La sophrologie nous aide à programmer notre réussite en créant une synergie entre notre corps et notre esprit. Fini, le découragement et le manque de confiance en soi ! Ce coaching permet de stimuler certaines de vos compétences et d'ancrer votre motivation sur la durée. Il va vous aider à atteindre vos objectifs et à exprimer ainsi tout votre potentiel.

Grâce à cette technique, fixez-vous un but body positive : l'amour de soi, la confiance en soi, la paix avec votre corps et votre apparence, la réussite, par exemple…

Je me fixe un but

Levez votre main dominante à l'horizontale, poing fermé, pouce en l'air, en prenant une profonde inspiration. Fixez votre pouce en imaginant que votre objectif est inscrit dessus. Bloquez votre respiration et ramenez votre pouce entre vos deux yeux au sommet de votre nez pour inscrire l'objectif en vous.

Expirez en relâchant votre bras le long du corps. Recommencez 2 fois le geste en imaginant inscrire votre objectif dans votre tête.

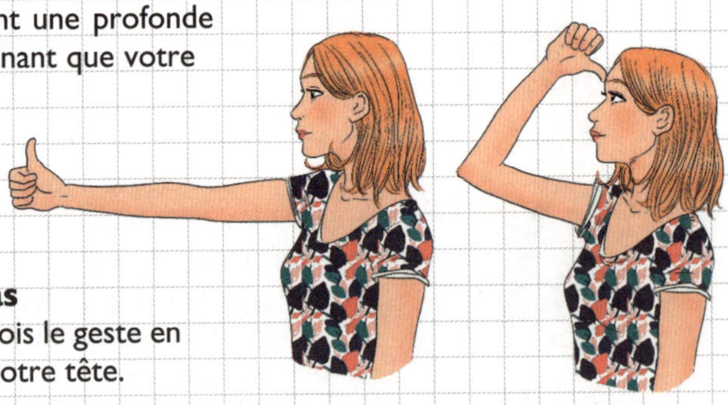

Je m'imagine ayant atteint mon objectif

Installez-vous confortablement. Prenez une profonde inspiration et expirez doucement en relâchant tous les muscles de votre corps : votre tête, les muscles de votre visage, vos épaules, vos bras, vos mains, votre dos. Imaginez vos poumons se remplir à chaque inspiration et se vider à chaque expiration.

À présent, imaginez-vous immédiatement après avoir atteint votre objectif. Visualisez votre réussite, votre victoire, votre fierté. Soyez attentive à la scène : ses couleurs, sa luminosité, ses bruits, ses parfums. Tentez de ressentir cette sensation agréable sur votre visage, votre peau. Prenez conscience de tous les détails de cette scène et percevez votre fierté, votre joie, les sensations de satisfaction, d'accomplissement, d'épanouissement. **Savourez pleinement cette réussite et la joie qui en découle.** Observez toutes les émotions positives et agréables qu'elles vous procurent.

Je savoure ma réussite

Afin de vous imprégner pleinement de cette sensation de réussite, prenez une profonde inspiration, puis bloquez votre respiration et inscrivez cette réussite dans votre tête.

En expirant longuement par la bouche, vous diffusez maintenant cette réussite dans chaque partie de votre corps. En reprenant ensuite une respiration normale, vous prenez conscience de la réussite inscrite dans votre corps.

À présent, prenez conscience de votre potentiel inscrit au plus profond des cellules de votre corps.

Mon challenge wellness : vision & goals

On a souvent tendance à s'imposer de bonnes résolutions qui – parce qu'elles sont trop radicales – sont difficiles à tenir. À l'inverse, lorsque nos objectifs ne sont pas clairs, il est difficile de conserver notre motivation intacte tout au long du chemin à parcourir et d'avancer concrètement vers un but.

Le moment est donc venu de clarifier vos intentions et d'oser vous définir des objectifs ambitieux, que ce soit dans votre vie personnelle, professionnelle, dans le domaine du sport, de la santé, du bien-être ou à l'égard de votre corps pour enfin vous sentir bien dans votre peau et dans votre vie.

Moi, dans 10 ans...

Votre challenge est donc d'avoir une vision de votre vie sur les 10 ans à venir et les objectifs qui vont la ponctuer afin d'établir une image claire de votre avenir idéal.

Se projeter dans 10 ans, c'est rêver grand !

C'est aussi définir ce qui est réellement important pour vous en supprimant les éventuelles contraintes du temps, de l'argent, des connaissances ou des compétences. Vous pourrez ainsi déterminer comment chaque domaine de votre vie va se manifester selon votre vision, créer une image de ce que vous aurez accompli et, enfin, avoir un aperçu inspirant de votre avenir.

Je clarifie mes intentions

La loi de l'attraction nous amène à attirer les choses auxquelles nous pensons. Dans notre vie, il est important de savoir ce que nous voulons ! Utilisez cet exercice simple pour clarifier vos désirs.

Notez à l'intérieur du cercle ce que vous voulez obtenir ou être, en **indiquant ce que vous ne voulez pas en dehors du cercle**. Considérez les domaines ou valeurs qui sont importants pour vous : santé, famille, carrière, passion, contribution, relations, bien-être, finances. Cela vous aidera à vous concentrer sur ce qui est important pour vous dans votre vision et vos objectifs.

Ce que je veux

....

....

Ce que je ne veux pas

....

....

Durant cette deuxième étape, soyez plus précise et demandez-vous *ce qui est idéal* pour votre santé, votre vie personnelle, votre carrière ? Qu'est-ce que ces domaines signifient pour vous ? À l'intérieur de chaque cercle, écrivez ce que vous souhaitez et, à l'extérieur, ce que vous ne souhaitez pas ou ne voulez plus.

Santé

....

....

....

....

Vie personnelle

....

....

....

....

Carrière

....

....

....

....

Puis fermez les yeux et imaginez-vous dans 10 ans avec l'idée que tout est possible, que vos choix – et seulement vos propres choix – vous ont menée à une vie future passionnante. Laissez-vous quelques minutes pour visualiser une de vos journées, du début à la fin, en voyant les choses se dérouler au présent. Où êtes-vous à ce moment-là ? Avec qui ? Que faites-vous ?

Vous pouvez refaire cet exercice avec une projection dans 5 ans, puis dans 1 an de façon plus précise.

Ma vision dans 10 ans

Laissez ici libre cours à votre vision :

Conclusion

Vous allez bientôt fermer ce *Cahier Body Positive* avec tous les outils en main pour enfin prendre confiance en vous et vous aimer ! Grâce à cette lecture et à tous ces exercices, j'espère que vous avez progressé sur le chemin de la connaissance de vous-même et que vous vous êtes transformée entre le moment où vous avez ouvert ce cahier et le moment où vous le refermez. Apprendre à mieux vous connaître est une piste pour trouver votre place, vous aimer telle que vous êtes réellement et évaluer avec justesse vos qualités.

En chacune de nous, il y a des choses qu'on aime et d'autres qu'on aime moins. Quoi qu'il arrive, essayez chaque jour de vous aimer davantage, même si vous traversez un moment de découragement. Trouvez votre équilibre sportif et alimentaire, prenez soin de vous, chouchoutez votre corps. De cette façon, vous rentrerez dans un cercle vertueux : votre corps vous le rendra et votre esprit sera serein. Accueillez avec bienveillance toutes les parties de votre corps, acceptez toutes les dimensions de votre personnalité qui font de vous cet être tout entier et si extraordinaire !

Nous avons toutes notre rôle à jouer pour influencer positivement les autres et le monde environnant. S'aimer soi-même est un premier pas pour aimer et aider les autres. N'oubliez jamais que l'amour est la plus grande des forces. En s'aimant assez, on peut enfin tourner ses préoccupations vers autrui. Lorsque l'on s'aime, on se sent assez riche pour offrir aux autres tout son potentiel ! *Get ready for a positive life !*

N'oubliez pas de rejoindre le groupe Facebook de *Mon cahier Body Positive*, « Mieux être au féminin : en harmonie avec soi » : www.facebook.com/groups/mieuxetreaufeminin.harmonie

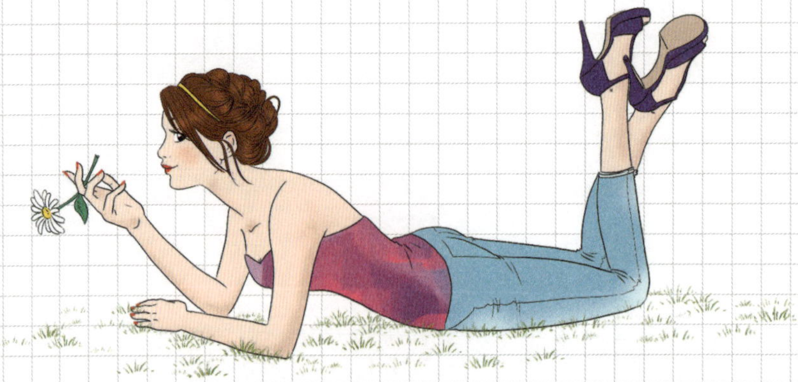

Carnet d'adresses

Les sites de l'auteur

Mon site : www.tinyfit.fr
Facebook : Élodie Sillaro
Le groupe Facebook de *Mon cahier Body Positive* « Mieux-être au féminin : en harmonie avec soi » : www.facebook.com/groups/mieuxetreaufeminin.harmonie/
Le groupe Facebook sport et nutrition « Body training » : www.facebook.com/groups/bodytraining
Instagram et Twitter : @tiny_fit

Les sites des experts

Charles Brumauld, expert en diététique : www.charlesbrumauld.com
Florian Saffer, diététicien comportementaliste : www.floriansaffer.com
Maxime Mességué, diététicien-nutritionniste : www.maximemessegue.fr
Corinne Geoffroy, sophrologue : www.harmonie-et-confiance.com
Sandra Insoha, professeur de yoga et hypnothérapeute : www.insoha.com
Nicolas Poissenot, hypnothérapeute : nicolas.poissenot@gmail.com

Pour en savoir plus sur le mouvement Body Positive

www.thebodypositive.org

La communauté The Body Positive créée en 1996 par Connie Sobczak et Elizabeth Scott. Aujourd'hui, elles aident les personnes à se reconnecter à une sagesse corporelle et les guident dans une relation avec elles-mêmes conduite par l'amour, le pardon et l'humour.

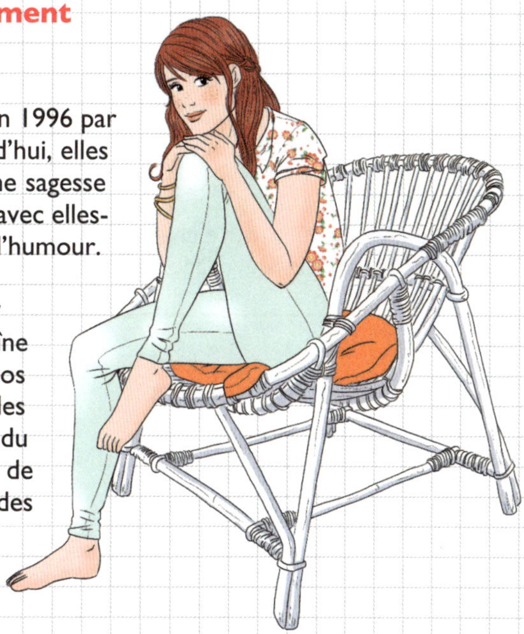

La chaîne YouTube de Léa Bordier

Réalisatrice, Léa Bordier publie sur sa chaîne YouTube CHER CORPS, une série de vidéos décomplexantes. Face caméra, elle invite des femmes – connues et anonymes – à parler du rapport à leur corps, de leurs complexes, de ce qu'elles aiment chez elles et du regard des autres. Une série de courts-métrages qui prônent l'amour de soi.

Bibliographie

C'est décidé, je m'aime !, Hervé Magnin, Jouvence, 2016.
Accepter son corps et s'aimer, François Nef et Emmanuelle Hayward, Odile Jacob, 2008.
Je suis une nana extraordinaire !, Lady Montmartre, Eyrolles, 2017.
L'Incroyable Pouvoir de votre microbiote, Justin et Erica Sonnenburg, Eyrolles, 2016.
Imparfaits, libres et heureux, Christophe André, Odile Jacob, 2009.
3 kifs par jour, Florence Servan-Schreiber, Marabout, 2014.
Le Pouvoir des petits riens, Rick Hanson, Pocket, 2015.
Pourquoi les régimes font grossir, Sandra Aamodt, Hugo Document, 2017.
Tout doux les abdos, Nadine Lebreuil, Leduc.s, 2017.
J'arrête de lutter avec mon corps, Jean-Christophe Seznec, PUF, 2014.

Remerciements

Je tiens tout particulièrement à remercier :

Suyapa Hammje pour la confiance qu'elle m'a accordée, ainsi que Juliette Collonge pour sa patience et sa bienveillance.

Tous mes experts pour leur collaboration, leurs précieux conseils et leur professionnalisme : Corinne, Charles, Nicolas, Florian, Maxime, Sandra.

Tous mes amis sportifs et non sportifs pour leur soutien.

À Corinne Geoffroy pour ses mots toujours bienveillants.

À ma moitié, mon soutien infaillible, Greg, qui me suit toujours dans mes projets les plus fous.

À ma famille qui me prouve chaque jour qu'ils sont à mes côtés.

À vous, mes lectrices, qui m'accordez votre confiance et m'inspirez toujours un peu plus.

Mes notes :

MON CAHIER MINCEUR
MON CAHIER MINCEUR
MON CAHIER MINCEUR
MON CAHIER MA GROSSESSE ET MOI
MON CAHIER MON BÉBÉ ET MOI
MON CAHIER VENTRE PLAT
MON CAHIER VENTRE PLAT
MON CAHIER LA DRAGUE ET MOI
MON CAHIER LE SEXE ET MOI
MON CAHIER 100% ANTI-ÂGE
MON CAHIER DÉTOX
MON CAHIER YOGA
MON CAHIER RUNNING
MON CAHIER ABDOS-FESSIERS
MON CAHIER VEGGIE
MON CAHIER MON DRESSING IDÉAL
MON CAHIER BRÛLE-GRAISSE
MON CAHIER PENSÉE POSITIVE
MON CAHIER ANTI-STRESS
MON CAHIER FORME ET MINCEUR APRÈS BÉBÉ
MON CAHIER RÉGIME PALÉO
MON CAHIER PILATES
MON CAHIER BEAUTÉ
MON CAHIER DIGITAL DÉTOX
MON CAHIER STOP AU SUCRE
MON CAHIER SANS GLUTEN
MON CAHIER FITNESS
MON CAHIER MINCIR AVEC LA MÉDECINE CHINOISE
MON CAHIER YOGA DÉTOX
MON CAHIER AQUAFITNESS
MON CAHIER BEACH BODY
MON CAHIER GREEN DÉTOX
MON CAHIER BODY TRAINING
MON CAHIER RÉGIME TOUT CRU
MON CAHIER MÉDITATION
MON CAHIER HUILES ESSENTIELLES

MON CAHIER
FITPUNCH

MON CAHIER
MON CHAT & MOI

MON CAHIER
RANGEMENT FEEL GOOD

MON CAHIER
TRAIL RUNNING

MON CAHIER
YOGA MÉDITATION

MON CAHIER
SOFT FITNESS

MON CAHIER
BODY MINCEUR

MON CAHIER
HAIR BEAUTY

MON CAHIER
JOLIE PEAU

MON CAHIER
FITNESS FOOD
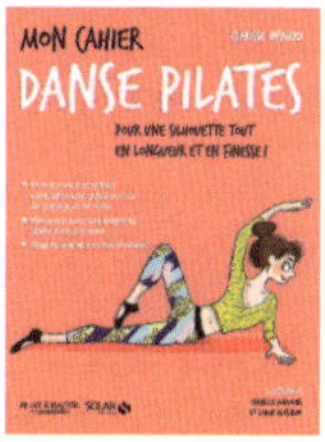
MON CAHIER
DANSE PILATES

MON CAHIER
HYGGE
HAPPY THÉRAPIE

MON CAHIER
YOGA SCULPT

MON CAHIER
TATOUAGE

MON CAHIER
YOGA FLOW

MON CAHIER
OBSTACLE TRAINING

MON CAHIER
SUPER-ORGANISEE

MON CAHIER
PERFECT TIMING

MON CAHIER
BULLET AGENDA

MON CAHIER
MINCEUR ZÉRO SUCRE

MON CAHIER
MON BULLET AGENDA

MON CAHIER
MINCEUR HEALTHY

MON CAHIER
STOP SMOKING

MON CAHIER
AYURVEDA

MON CAHIER
VÉLO TRAINING

MON CAHIER
DÉFI VOYAGE SOLO

MON CAHIER
HIIT

MON CAHIER
CRISTAL POWER

MON CAHIER
MACADAMTRAINING

MON CAHIER
2018
MY LIFE IS BEAUTIFUL

MON CAHIER
2018
MY LIFE IS GREEN

LES BEAUTIFUL GIRLS,
C'EST TOUTE UNE COMMUNAUTÉ !

Retrouvez plein de bonus, de conseils feel good, des recettes, des trainings, et des actus tendance MADE BY MON CAHIER !

Un lieu rien que pour vous :
http://mylifeisbeautiful.fr/

Une communauté de filles stylées :
VOUS DÉCHIREZ

mylifeisbeautiful.fr mylifeisbeautiful.fr

Direction : Jean-Louis Hocq
Direction éditoriale : Suyapa Hammje
Directrice de collection : Juliette Collonge
Édition : Gwladys Greusard
Conception et mise en couleur de la couverture : Stéphanie Brepson
Mise en pages : Nord Compo
Fabrication : Céline Premel-Cabic

ISBN : 978-2-263-15341-9
Code éditeur : S15341
Dépôt légal : avril 2018
Imprimé en France par ime by estimprim

mylifeisbeautiful.fr
mylifeisbeautiful.fr

HarmonieSolar
harmonie_solar

Solar | un département **place des éditeurs**

place des éditeurs